書くだけで あなたの「強み」が 見つかるノート

田中祐一

A notebook where you can find
your "strength" just by writing

はじめに

「書くだけであなたの強みが見つかる」

タイトルを見て本を開いた人の中には、「書く」という作業に惹かれた人もいるかもしれません。実際、本書はワーク形式となっているので、悶々と考え込むのではなく、手を動かしながら「強み」を見つけることができます。

ただ、本書の特徴はこれだけではありません。このワーク自体が、これまでの「強み探し」とまったく違うメソッドとなっています。

世の中には「自己分析」や「強み診断」などのツールが普及しています。実際に取り組んだ経験がある人は少なくないでしょう。

ではなぜ、今この本で、新しい「強みの見つけ方」を紹介する必要があるのか。それは、これまでのツールに深刻な問題があるからです。

自己分析をしたことがある人に質問です。自分にはどんな強みがあるとわかりましたか?

また、強み診断を受けたことがある人は、その診断結果を覚えていますか? そして今、その強みを活かして、日々仕事で成果を出していますか?

こう聞かれると、答えに詰まる人が多いと思います。

自己分析をしても、自分の強みなんて全然見つからない。むしろ弱みばかり思い浮かんでしまう人がいます。学生時代の僕が、まさにそ

ういうタイプでした。

あるいは、診断テストを受けた結果、いい感じの強みが見つかってモチベーションが高まった！　と思いきや、結局仕事への活かし方がわからず現状は何も変わらない人もいます。一時的にテンションが上がっただけで、強みを使わないまま元の状況に後戻りしてしまうパターンですね。これも「あるある」だと思います。

強みを見つけたいと思っているのに、いざ見つけようとすると結構難しい。見つかったとしても、使い方がわからない。

これは僕たちの行く手をはばむ大きな壁であり、従来の自己分析や診断ツールで陥りやすい落とし穴でもあります。これまでの発想で攻略しようとしても、クリアするのは至難の業です。

そこで、視点を変えてみましょう。

そもそも、あなたはなぜ「強み」を見つけたいのでしょうか？

「会社で求められる成果を出したいから」とか「今よりいい条件で転職したいから」などいろいろあるでしょうが、集約すると「自分が活躍できる場所に行きたいから」に尽きると思います。

では、もう一段掘り下げて考えてください。

あなたは、どうすれば「活躍できる場所」に行けるのでしょうか？

その答えは、自分の得意分野に身を置くことではありません。

誰かの期待に応えることです。

会社で働いている人にとっては、上司から寄せられた期待に応えること＝成果を出すことであり、期待に応えることで自分の存在価値が

認められます。

　上司の場合は、経営者から寄せられた期待に応えることで成果を出します。そして経営者は、顧客や消費者から寄せられた期待に応えることで成果を出します。

　誰もが誰かに向けて仕事をしています。相手が求める成果を出すことで、自分の活躍できる場所を見つけています。

　つまり、すべてのビジネスは特定の相手がいることで初めて成立するのです。

　自分でどんなに成果を出したつもりでも、相手が認めてくれなければただの自己満足。逆に、自分にとっては当たり前でも、相手が認めてくれれば立派な成果となり得ます。

　成果は相手がもたらすものである。実はこれこそが核心ともいえるポイントです。

　相手の期待に応えることが成果を出すことにつながり、強みを発揮している状態でもある。

　その事実を知っただけでも、「強み」というものへの向き合い方が大きく変わるはずです。

　今までは「強み」というと、「自分自身の中から掘り起こすもの」「不変なもの、絶対的なもの」というイメージで捉えている人が多かったと思います。

　けれども、強みを発揮する相手は1人ひとり違っていて、求めているものもバラバラです。そうなると、自分の中に強みを求めようとするやり方には限界が生じます。自分の中から強みを取り出すより、「相手からの求めに応えること」そのものを強みにしたほうが、はるかに

確実であり効率的です。

　また、同じ「強み」であっても、相手の環境によって価値は大きく変わります。
　たとえば、エンジニアとして会社に勤務していた頃の僕は、一言でいえば「ITの落ちこぼれ」でした。周囲は優秀なエンジニアばかりで、スキルも知識も乏しい僕は戦力外のような扱いを受けていました。
　ところが、一歩会社の外に出て交流会などに参加すると、状況が一変しました。
　会社の外で出会う人たちは、どちらかというとITやプログラミングに疎い人ばかり。そんな人たちに「こんな便利なスマホアプリがあるんですよ」などアドバイスをすると、信じられないくらい感謝され、賞賛を受けました。

　会社では「ITの落ちこぼれ」でも、交流会では「ITのエキスパート」になれる。
　つまり、自分の強みの価値は「周囲の人がどんな強みを持っているか」によっても大きく左右されるということです。

　「相手が求めていること」と「周りが提供していない価値」という視点を掛け合わせると、自分が活躍できるポイントを確実に導き出せることに気づきました。
　その狙ったポイントで価値を提供していけば、どこで誰と仕事をしても成果を出すことができます。これは最強のビジネススキルといっても過言ではないでしょう。

　もちろん、自己分析や強み診断そのものは、とてもいいツールだと

思います。しかし、成果を出すには、それだけでは不十分なのです。

「自分の中にある絶対的な強み」というのは、限られた天才の話です。天才は圧倒的なスキルを持っているので、相手のこととか周りのことなど気にせずに、好きなこと一択で集中して価値をもたらすことができます。

けれども、僕を含めた大多数の「普通の人」は別です。

普通の人が天才のマネをして1つのスキルで勝負するのは無謀すぎます。普通の人は戦い方を根本から見直す必要があります。

自分のスキルにこだわるのではなく、相手や周囲の人たちの出方をうかがいながら、その時々に応じて最善の一手を提供していくべきなのです。

この本は、従来のような自分視点の強みを探す本ではなく、成果につながる「本当の強み」という新しい考え方を可視化したビジネス書です。

ただ考え方をお伝えするのではなく、ワーク形式で取り組めるようにしました。昔の僕のような地味で平凡な普通の会社員でも、見違えるように評価される強みのメソッド「強み革命テンプレート」を紹介しています。

業種や職種、年齢などにかかわらず、誰でも「本当の強み」を言語化できるようなワークとなっているので、気軽に取り組んでいただけたらと思います。

今の仕事に悩んでいる人、自分の居場所が見つからないと焦っている人にとって、この本の考え方とワークがあなたの人生を好転させるきっかけになればと願ってやみません。

田中祐一

『書くだけであなたの「強み」が見つかるノート』　目次

はじめに ———————————————————————— 1

Chapter 1 　本当の力になる「強み」って何だろう？

自己分析が「強みの樹海」へ迷い込ませる ———————— 10
「強み」に振り回された僕の就活〜若手社員時代 ———— 16
再び「強みの樹海」へ —————————————————— 23
強みは「絶対的」ではなく「相対的」——————————— 28
強みは時代とともに変化する ——————————————— 33
「本当の強み」で選ばれる人になる ———————————— 36
「強み」を見つける視点を大転換しよう！ ———————— 39

Chapter 2 　「強み革命テンプレート」を知る

「強み革命テンプレート」とは何か？ ——————————— 42
5ステップで「本当の強み」が何度でも作り出せる —— 44
1 ゴールとは何か？ ——————————————————— 46
2 相手軸とは何か？ ——————————————————— 48
3 ライバル軸とは何か？ ———————————————— 50
4 自分軸とは何か？ ——————————————————— 52
5 「本当の強み」を作り出す ——————————————— 55
3軸を同時に俯瞰することはできない —————————— 57
さぁ、ワークをやってみよう！ —————————————— 59

Chapter 3 「本当の強み」を生み出すワーク

ステップ1 ゴールを決める

- ワーク1-1 理想と現実を把握する ———— 64
- ワーク1-2 成長イメージの逆算 ———— 69
- ワーク1-3 ゴールを設定する ———— 72
- ▶ ポイント ゴール設定のコツ ———— 76

ステップ2 相手軸を整理する

- ワーク2-1 相手軸が誰なのか定める ———— 84
- ワーク2-2 相手のお困りごとの解像度を高める ———— 89
- ワーク2-3 相手のお困りごとと理想の状態の把握 ——— 96
- ワーク2-4 潜在的なお困りごとを見つける ———— 101
- ワーク2-5 相手のお困りごとを一覧にまとめる ——— 108
- ▶ ポイント リサーチの考え方 ———— 111

ステップ3 ライバル軸を整理する

- ワーク3-1 ライバル軸の対象をピックアップ ———— 128
- ワーク3-2 お困りごとに対する解決策を出す ———— 130
- ワーク3-3 ライバル軸の強さを3段階で評価する —— 134

ステップ4 自分軸を整理する

- ワーク4-1 自分軸の統合 ———— 140

ステップ5 「本当の強み」を作る

- ワーク5-1 本当の強みを絞り込む ———— 146
- ワーク5-2 本当の強みを言語化する ———— 148

Chapter 4　本当の強みを見つけてからがスタート

「強み」は常に改善していく ——————————— 158

自分の意思で行動することが大切 ——————— 160

人生経験を増やそう ————————————————— 162

職場外のコミュニティに参加する ——————— 164

嫌いなことも自分の人生につなげる ————— 166

「安心感」が不安への一番の処方箋 —————— 169

成果は人がもたらすもの ————————————— 172

おわりに ———————————————————————— 176

特典　強み革命テンプレート ダウンロード ——————— 180

Chapter

1

本当の力になる
「強み」って
何だろう？

自己分析が「強みの樹海」へ
迷い込ませる

　世の中の社会人の大多数は、日々悩みを抱えながら仕事をしています。

「今のままの働き方で将来も通用するのか不安」
「職場の中で、居場所を見つけられていないような気がする」
「思ったような結果が出ず、スランプ状態にある」

　そんな悩みを抱えた人に対して、成功者やビジネス書は「強みを活かすこと」の大切さを繰り返し訴えてきました。たとえば、現代経営学の父といわれるピーター・ドラッカーは次のような発言を残しています。

「人が成果を出すのは強みによってのみである」

　確かに強みを活かすことはとても重要です。ビジネスで成果を出せるかどうかは、強みを発揮できるかどうかに大きく左右されます。
　しかし、ここで僕たちは1つの壁に直面します。強みがそんなに簡単には見つからないという大問題です。
　強み探しは結構ハードな道のりです。自己分析で強みを見つけようとしても、弱みばかりが思い浮かび、かえってへこんでしまうことがあります。

そこで強みを診断してくれる各種ツールに頼るわけですが、これも一筋縄ではいきません。診断された強みに「確かに、この強みは持っていそうだ」と納得しても、仕事で実際にどう活かせばいいのか、よくわからないのです。たとえば「あなたは未来志向で物事を考える能力に優れています」みたいにいわれても、その「未来志向」を今の職場で、いつ、どんなときに、どう使えばいいのかわかりません。

そんなわけで、消化不良のまま元通りの日常に戻り、しばらくすると診断結果の内容も忘れてしまうことになるのです。いつの間にか、強みを知ることが目的になってしまう。本当は強みを活かして、現状を変えたかったはずなのに。

他人に強みを聞いてもムダ!?

ツールに頼るより、自分をよく知る人に強みを聞いたほうが正しい結果を得られる——。一見すると説得力がありそうですが、これもやっぱりうまくいきません。

友人や同僚、きょうだいなどに自分の強みを教えてもらうというのは、強みのリサーチ手段として一般的に提唱されている方法です。

けれども、この方法にも落とし穴があります。というのも、強みを教えてくれる人は、あなたがどんな結果を出したいと考えているのかを知りませんし、興味もありません。

だから、強みを教えてもらったところで、的外れなケースがほとんどなのです。

わかりやすい実例を挙げましょう。

以前、僕が親しい友人に「僕のいいところって何？ 強みは何だと

思う?」と聞いたところ、「うーん、意外と優しいところじゃない?」みたいな答えが返ってきたことがありました。本人はいたって真面目にアドバイスしてくれているのですが、それを知ったところで強みをどう活かせばいいかわかりません。

　これは、僕が友人に質問したこと自体が問題です。友人は僕が何のために強みを知ろうとしているのかを知りません。また、僕が目指す未来のために、どう強みを活かしたいのかもわかりません。だから、的確にアドバイスできるはずがないのです。

「強み→んー、こいつの特徴みたいなもの?→えーと、何だろ?
→そういえば俺に対していつも優しくしてくれるよな→優しさ!」

という思考の流れが透けて見えるようです。

　そもそも友人や知人に強みを聞こうとしても、気をつかって当たり障りのないことをいわれる可能性もあります。真に受けると、その後痛い目に合いかねません。そう考えると、他人に強みを教えてもらうという方法の妥当性は、かなり疑わしく思えます。

　自己分析をしたり、診断ツールや他人に頼ったりして強みを見つけようとすればするほど、かえって五里霧中の状況に陥る。まるで「強みの樹海」に迷い込んだような状態です。

　自分が悩んでいるのは強みが見つかっていないからであり、強みさえ見つかれば悩みは万事解決するはず。それでいて、肝心の強みが全然見つからないというジレンマは大きなストレスです。強みの樹海に

囚われていると、下手したら20年、30年経ってしまってもおかしくありません。

　実は、多くの人が常に強みを追い求め、ひたすら強みに振り回される人生を送っているのです。

成果が上がらない人の共通点は「自分目線」

　では、どうして強みを探そうとすればするほど、見つからないジレンマに陥ってしまうのか。

　結論から先にいいます。それは自分目線だからです。自分目線で考えている限り、「強みの樹海」から抜け出すことはできないのです。

　成果が上がらない人の多くは、自分目線で物事を考えています。自分目線は「内向き目線」とも言い換えられます。要するに、他人のことがまったく見えていないということです。

　自分目線で強みについて考えると、「自分が強みだと思えればOK」ということになります。

　人が「自分だけの強み」にこだわるのは他人に興味がないからです。自分のことが大好きなので、どこまでも自分を掘り下げようとします。自分の中に超貴重なお宝が眠っていて、それを必死に掘り当てようとするイメージでしょうか。そのような自分探しをしている人に、残念な真実をお伝えします。

　あなただけの強み、ウリが見つかったとしても、それが相手の役に立つとは限りません。

「私はどうすれば選ばれる人になれるのかな？」
「自分だけの武器って、いったい何だろう？」
「俺って、どうすれば活躍できるんだろう？」

　このように「私」「自分」「俺」という主語にこだわっている人は、キツい言い方をするとただの自分勝手な人。パフォーマンスが低くて当然です。

　考えてみてください。仕事は1人で完結するわけではありません。会社であれば、上司（もしくは会社の上層部）から与えられた仕事をしています。

　たった1人で仕事をしているように見える自営業の人も、クライアントからの依頼や期待に応えながら仕事を進めています。

　あなたの仕事を評価するのは、他人です。
　仕事をするうえでは、どうすれば相手の役に立ち、喜んでもらえるかを考える「相手目線」が求められます。どんな環境でも結果を出せる人は、常に相手目線を持っています。

「今、上司は自分に何を期待しているのか」
「会社が求めているのはどういう人材なのか」
「お客さんはどんな商品・サービスを求めているのか」

　成果を出している人は、こういった相手目線で物事を考え、相手が求めているものを提供しています。求められる価値を的確に提供しているから成功しているわけです。

　世の中の自己分析や強み診断には、相手目線が抜け落ちています。

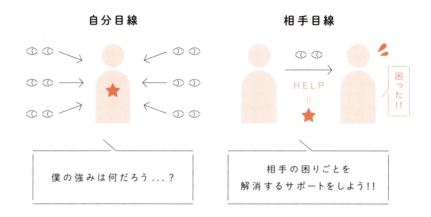

どれだけ新しい「強み探し」のツールが生まれても、「強みの樹海」に迷い込んで、悩み続ける人が後を絶たない原因は、すべてここにあるのです。

自分が納得できる強みさえ見つかればいい。そういう前提で強みを探しているから、相手に受け入れられる強みがなかなか見つからず、たとえ見つかっても使い方がよくわからないわけです。

要するに、自分目線のスタンスで強みを探している限り、仕事で成果を出すのは不可能なのです。

<mark>「あなたの仕事を評価するのは、他人」</mark>という前提に気づくことができなければ、いつまでも仕事やキャリアの悩みから解放されることはありません。

「強み」に振り回された僕の
就活〜若手社員時代

　なんだか冒頭から偉そうなことをいってしまいました。

　こんなふうに今、「強み」をテーマにした本を書いている僕ですが、もちろん最初から強みのセオリーを把握して実践できていたわけではありません。

　僕が強みについて初めて考えたのは、大学時代の就活のときです。

　それまで僕が就職についてぼんやり考えていたのは「とにかく大手の企業に入社する」ということ。大手だったら待遇もいいし、雇用も安定していそうだし、合コンでモテるかも……といういかにも学生らしい発想です。

　大学での成績が今ひとつだった僕は、就活ですべてを逆転してやろうと目論んでいました。そこで3年の夏頃からいちはやく就活を始めました。スタートダッシュを決めて有利に進めようとしたわけですね。

　就活では、「内定に近づくには自己分析が必須」みたいにいわれます。就活での自己分析とは、自分の強みや弱みを整理して、業種や職種への適正を見極める取り組み全般を指します。

　周りの学生に比べて、大して自慢できる経験も実績もない僕は、就活の事前準備で周りとの差をつけることにしました。自分でお金を払って、自己分析セミナーに参加したんです。そこで愕然としました。

いわれた通りに自己分析をしたのに、強みらしい強みが１つも出てこなかったのです。むしろ、強みがなさすぎて弱みしかない状態。唯一わかったことといえば、どうやら会社には自分を採用するメリットがなさそうということでした。

そんなわけで出だしから強みの樹海に迷い込んでしまった僕は、やはり就活では苦戦するわけです。そんな中、たまたま自分とフィーリングの合う面接官との入社面談だったこともあり、IT開発大手のNTTデータという会社に入社できました。苦戦して手に入れた内定は、奇跡だったとしかいいようがありません。

しかし、「自分の強みがよくわからない」という問題を抱えたまま入社した僕は、すぐに壁に直面してしまいます。

NTTデータという会社は企業のシステム構築に関わる業務を行っています。
大学時代にサークル活動を通じて、みんなで何かを作り上げるという経験に価値を感じていた僕は、いろいろな人と折衝しながら大きなプロジェクトを成功させる仕事に興味がありました。
一方で、システムエンジニアとして職人のようにモノづくりに取り組みたいという考えは持っていませんでした。

NTTデータでは、新人のほとんどがエンジニア配属になります。
僕はエンジニアとしての技量にまったく自信がありません。何しろ、入社後に受けたプログラミング研修のクラスでの成績は40人中40位。最下位だったのです。
さすがに焦った僕は、自分なりに本を読んだりしてITの基礎知識

を身につけようとしたのですが、興味がないのでまるで知識が身につきません。いつまで経っても実力は40位のままです。

　どの現場でも、プログラミングについて少し詳しく聞かれると何も答えられない自分がいました。入社3年目を迎えても相変わらずそんな状況で、恥を忍んで後輩に質問をしたりしていました。
　後輩にOJTをする立場なのに、後輩のほうがはるかにプログラミングに詳しいという、笑うに笑えない状況です。

　エンジニアとして戦力外の僕は、総務みたいな立ち位置の仕事もやらされていました。職場のパソコンの在庫を調べ、新しくパソコンを必要とする人にWindowsをインストールする。そんな裏方仕事を黙々とやるようになったのです。

　職場ではまったく役に立たない社員だったので、僕は資格の勉強に走るようになりました。
　「自分だけの強みやウリを作らなきゃ！」という焦りが、独りよがりなインプットを加速させました。
　何でもいいから自分から学んで取り入れないと、どんどん周りの人から置いていかれるんじゃないか……。そんな恐怖で頭の中が一杯になっていました。仕事で満足のいく成果を出すことができないまま、劣等感まみれになっていたのです。

「相手のため」から強みは生まれる

　あるとき、転機が訪れます。
　僕は新しいプロジェクトに配属されたのですが、そのプロジェクト

は構築するシステムの難易度が高いこともあって、開発が遅れていました。

　遅れを解消しようとして人員を追加しても状況は改善せず、ただコストが増えるばかり。実に、2年もシステムの納品が遅れている状況でした。

　毎日の残業と休日出勤が続く中、あまりの忙しさに上司が倒れてしまいました。そこで、やむを得ず4年目の僕がチームをマネジメントしなければならなくなったのです。

　チームの危機的な状況に対して、エンジニアとして貢献できないのは十分わかっていますが、いったい何をすればいいのだろうか……。

　課長会議に毎回呼ばれるようになった僕は、「上司に求められるもの」を真剣に考えるようになりました。自分が上司になったつもりで考えているうちに、なんとなく方向性が見えてきました。

「まずは遅れているプロジェクトを前に進めること。僕ができるのは、タスクを調整してスムーズに進行させること。そのために、『皆が困っていること』に着目して、その困りごとの解消に徹してみよう」

　自分がチーム間の調整をして、懸案事項を取り除く役をすればチームに貢献できるかもしれない。これは1つの仮説でした。

　今までは、ただ自分のできる仕事、依頼された仕事をしっかりこなすという意識だったのですが、初めて会社やチーム、さらには上司が求めていることは何かを考えるようになりました。その結果として立てた仮説です。

それまでの自分目線から相手目線へと視点を移行し、「みんなが困っていて、それでいて周囲の人が解決できていないことを自分が解決する」という方向性を探ったのです。

　自分目線から相手目線に変えたら、「やってみよう」と思えることがたくさん出てきました。
　さっそく、タスクがこぼれまくっているプロジェクトの担当者を朝からつかまえて、こちらから話しかけてみることにしました。

「おはようございます、○○さん。この案件って今どうなっているんでしたっけ？　僕、全然わかんなくて……すみません、教えてください！」

　当時、社内ではメッセンジャーソフトで社員同士がコミュニケーションを取っていました。
　隣席の社員とも日常的にメッセンジャーでやりとりをするので、職場内でリアルな会話はほとんど交わされません。ましてや、チームをまたいだ会話は定例会議でしかなされていませんでした。
　社内にはエンジニアが多く、他人への干渉は極力避けようとする傾向があります。よくも悪くも、みんな自分の仕事だけに集中しています。部長が「あのプロジェクトはどうなっている？」などと問いかけない限り、誰一人としてプロジェクトの全体像を意識することがないのです。

　そんな状況の中、僕がみんなのところに直接話を聞きに行き、各チームのプロジェクトの状況を可視化したことで、徐々にスムーズに交通整理できるようになってきました。

「これとこのタスクがまだ残ってますよね？」
「このポイントをクリアすれば大きく前進できるはずです。よろしくお願いします」

　こういった具合に、1人ひとりにフォローを繰り返すうちに、2年遅れだったプロジェクトが半年遅れになるなど、状況が少しずつ改善。プロジェクトの遅延解消は僕だけの努力の結果ではありませんが、明らかにプロジェクトが円滑に回るようになっていきました。

　しばらくすると、いつの間にか僕は職場内で重宝される存在になっていました。
　どこかでプロジェクトが滞りそうになると「この案件、田中君が調整してきてよ」といわれる場面が確実に増えていました。ひたすら調整役に徹した結果、ボーナス時には2回連続で最高の評価をもらえたのです。

　会社に入社して初めて、心から「仕事って楽しい」と思えました。「みんなが見えていないところを自分だけは見ている、見えている」という感覚は自信にもつながりました。

　エンジニアとして実力がなくても、調整役として動き回ればチームに貢献できるし、会社からも喜んでもらえる。それを実感したことで、社内にやっと自分の居場所が見つかりました。

　それまでエンジニアとして働いていたときは、上司から「遅れているじゃないか！」「どうなっているんだ？」と怒られてばかりの毎日

でした。

　しかし、たまたま上司が倒れたことでマネジメントに取り組む機会を得られ、マネジメントスキルに自分の強みがあると気づけたのです。

　もっとも、僕にとって一番インパクトが大きかったのは、「自分にマネジメントが向いている」と気づいたことではありません。
　それよりも「自分だけの強みは何か？」という自分目線の自問自答をやめて、「みんなが困っていて誰も解決に向けて動いていないことは何か？」という相手目線を持つようになったことです。

　マネジメントが向いているというのはあくまでも結果論です。僕がマネジメントに向いていると気づいて取り組んだとしても、上司やみんなが僕のマネジメントに成果を感じられなければ無意味です。

　つまり、何より大事なのは相手の期待に応えることです。
　僕は、「相手の期待に応えるにはどうすればいいか」を考えるようになったことで、結果的に力を発揮しやすいポイントを見つけられるようになったのです。
　きっかけはたまたまでしたが、この「相手目線」の重要性に気づけたことは、貴重な財産となりました。

再び「強みの樹海」へ

　前述したように、「どうすればみんなの役に立てるか」という発想に切り替えた結果、僕は社内で評価されるようになりました。入社4年目にして、ようやく自分の居場所が見つかりました。

　この大きな成功体験があったのですが、僕はその後「起業」という選択をして会社を辞めることになります。今の会社では評価されていても、その会社だけで使えるスキルしか育たない、という不安があったからです。このままでは市場価値が低い人間になってしまうのではないかという恐怖です。

　先に会社を辞めた先輩に相談したとき、「どんなに優秀な学生でも、5年も働けば普通の人になる」と、1つの会社だけで働くことのリスクを語られてハッとしたこともありました。
　複数の出来事が重なったこともあり、自分なりに準備して会社を退職しました。

　しかし、起業後の僕は再び「強みの樹海」に迷い込んでしまいました（会社員から起業する際の詳細については拙書『僕たちは、地味な起業で食っていく。』をご参照ください）。
　環境が変化したことで「相手の役に立つ」という大事なスタンスをすっかり忘れてしまったのです。

会社を飛び出して起業したものの、これといった実績のなかった僕は、前途多難なスタートを切ることになりました。

当時はどのコミュニティに出向いても年齢的に僕が下っ端であることが多く、どうにかして認められようと必死でした。
不安が膨らむと、目に見える肩書きやスキルが欲しくなるものです。本当は、自分のできることを増やすよりも、相手にどう貢献するかが大事なのに。

当時の僕は、会社の看板が使えないという状況で、新しい環境で生きていかなければならない不安に対抗するために、何かしらの武器が欲しかったのです。
知識で武装しようと考え、コンサルタントが主宰する起業塾に通い、あちこちのスクールに参加しては勉強に励みました。知識がどんどん増えていく代わりに、会社員時代に蓄えた貯金は、ものすごいスピードで減っていきました。

スクールで身につけたスキルの1つが「ホームページの制作」でした。100万円以上のお金をつぎ込んで勉強したと思います。
そこまでリソースを投入したからには、絶対にホームページで勝負して成果を出してやる。僕は強力な武器を手に入れたような気分でした。

ところが、フタを開けてみたらホームページ制作は全然受注できませんでした。
交流会などで出会った人に「ホームページを作りませんか?」と声をかけても、「いらないよ。君みたいな若造に何ができるの?」と鼻

であしらわれて終わりです。

　ブログを書いたりSNSに投稿したりしてもまったくの無反応。どうやってお客さんを見つけたらいいのか、わからないまま時間だけが過ぎていきます。

　仕方がないので、「無料ならホームページを作ってもいい」という人を見つけて、ホームページを作りながら、その人の仕事をサポートすることにしました。

　仕事がなかった僕がありあまる時間を埋めるには、他人の手伝いをするくらいしか方法がありませんでした。部屋で何もせずに１人でいるくらいなら、無料で他人を手伝っているほうがマシ、といった心境でした。

「強み」じゃなくてもお金になる

　そんなふうにして、起業家やセミナー講師たちの雑用を手伝いながら、彼らの仕事ぶりを見ているうちに、ある重大な事実に気づきました。

　世間的には、会社から独立して働いている人は仕事ができる。仕事ができるから、会社の傘を離れてもやっていけていると思われています。

　そういったイメージの延長で、起業家は「何をやらせてもできる人」みたいに思われているところがあります。

　ところが、僕の周りの起業家やセミナー講師は、世間で当たり前とされているようなビジネスパーソンとしての基本的なスキルがすっぽり欠落している人ばかりでした。

25

たとえば、あるスピリチュアルカウンセラーの人は、ブログでセミナーの参加者を募集していたのですが、応募者のリストも作成していなければ、入金の管理もできていませんでした。

　告知はできても、そのあとの肝心なフォローがまるでお粗末なのです。

　見かねた僕が、エクセルでリストを作ったり入金の確認を手伝ったりしたところ、信じられないくらい感謝されました。

　それだけでなく、驚くような提案を持ちかけられました。

「お金を払うから、次のイベントも手伝ってよ」と仕事を依頼されたのです。

　正直なところ、心底驚愕しました。

　僕が手伝ったのは、エクセルやワードを使ったデータやチラシの作成。そしてインターネットでの顧客の入金確認など。

　普通の会社員なら誰でも身につけているようなスキルで対応できますし、どれも入社1年目の新人に任されるような仕事ばかりです。でも、僕に求められていたのは、そんな新人レベルのスキルでした。

　100万円をかけて習得したスキルがまったく通用しないのに、誰にでもできるスキルでめちゃくちゃ喜ばれるなんて！　まったく、1ミリも想像していませんでした。

　頭では「そんなバカな」「嘘でしょ」と思いつつも、現実に目の前の人たちが誰にでもできるスキルで喜んでくれている。

　そんな状況を目の当たりにするうちに、僕は1つの確信を持つようになりました。

26

> 「特別なスキルとかオリジナルの武器なんてどうでもよかったんだ。相手の喜ぶことを突き詰めていくだけでよかったんだ！」

　再び「強みの樹海」を抜け出した僕は、いろいろな経営者と接する中で、相手が何に困っているのかを聞き出すことに注力するようになりました。そして困っているポイントが見つかったら、積極的にサポートする意思をアピールしていきました。
　すると、一件あたりの単価は安くても、たくさんの仕事をいただけるようになりました。
　自分目線を捨て、相手目線に移行しただけで、一気にチャンスが広がったのです。

強みは「絶対的」ではなく「相対的」

　僕は起業してからこれまでに500人以上の人をコンサルしてきました。ビジネス面での実績が一番わかりやすいのですが、クライアントの売上を累計50億円以上伸ばしてきました。そんな経歴もあって、活躍する人、活躍しない人の違いは自然と見えてきます。

　その経験からいえるのは、自分の一点モノの強みで勝負している人は全体で見るとそんなに多くない、という事実です。

　世の中で一般的に「強み」といわれているものは「専門性」と言い換えることができます。絶対的な専門性で勝負できる人は、目立ちますが少ないのです。好きなことで生きていく、という人たちもここに入ります。
　僕はこういった人たちを「カリスマ型」と呼んでいます。

　自分だけが持つ「強み」を磨き、好きなこと、やりたいことがはっきりしている。そして、狙った分野で非凡な才能を発揮している。こんなふうに自分の武器をわかって使いこなしている人は、それで突き進んでしまうのがよいのです。

　僕は、そこまで自分の信念を貫ける「カリスマ型」の人と一緒に働く機会があるのですが、好きなことや意見がはっきりしていて羨ましいなぁと感じます。

28

けれども、世の中に生きる僕を含めた大多数の人は、普通の人です。好きなことや得意なことをズバッと見つけられない。自分を表現するのもあまり得意ではない。好きなことはあるけど、それで食っていけるほど情熱的にのめり込んでいるわけではない。仕事は、やれといわれたらできるけど、人より抜きん出てできるようなことは特にない。

　僕は、こういった人たちを「サポーター型」と呼んでいます。

「サポーター型」が一点モノの専門性を武器に戦っていくのは、あまりに厳しすぎます。どの世界にも上には上がいるからです。

　サポーター型にはサポーター型の生きる道があります。特定の分野で突出したレベルを目指すのではなく、状況に合わせてフィットしていくという道です。

　そこで必要なのが、強みに対する考え方の大転換です。

　サポーター型にとって、「強みは絶対的なものである」というのはただの思い込みです。

強みは絶対的なものではなく、相対的なものです。

　自分が得意としているスキルも、発揮する相手や周りの環境しだいで価値は大きく変動します。人事異動があれば変わりますし、転職をしても変わります。

　たとえば、今の職場内でプレゼンのスキルが最も高く、自分でもプレゼンを武器としているAさんがいたとしましょう。

　さて、Aさんはプレゼンを絶対的な強みとして、転職でステップアップを試みます。無事に転職先が決まり、意気揚々と出社すると、職場にはプレゼンの達人がごろごろいました――。

カリスマ型 — 好きなことで生きていく!!

サポーター型 — 人の役に立てると嬉しい♪

タイプ	カリスマ型	サポーター型
強み	絶対的	相対的
視点	自分の好きを伝える	相手の役に立つ
貢献できること	好きなこと	求められること
苦手なこと	相手に合わせて柔軟に武器を変える	好きなことで巻き込む
思考	一度決めたら突き進む	状況に合わせてフィットしていく

こうなると、Ａさんの強みの価値は一気に低下します。とてもでは
ないですが、大きな声で「私の強みはプレゼンスキルです！」とはい
えなくなるはずです。

　もちろん逆のケースもありえます。
　エンジニアとして戦力外の扱いを受けた僕が、裏方に回って職場の
パソコンを設定していたというエピソードをお話ししました。
　もちろん、パソコンの設定は誰かがやらなければならない必要な仕
事です。
　けれども「自分にしかできない仕事か」と問われたら全然違います。
実際には誰もができる仕事です。
　パソコンのセットアップは、専門性とは遠くかけ離れています。だ
から「パソコンのセットアップ」と「強み」が結びつくなんて夢にも
思いません。

　ところが、です。
　会社を退職して外の世界に出てみたら、僕よりはるかにITに疎く、
パソコンのセットアップをしてあげるだけで涙を流すくらいに喜んで
くれる人がたくさんいたのです。
　そして、実際にパソコンのセットアップをするだけでお金をいただ
くことができたのです！

　会社ではITの落ちこぼれだった僕が、社外に出たら「ITの天才」
みたいに扱われる。
　この経験は衝撃的であり、大きな発見でした。

31

繰り返しますが、「得意なこと」「苦手なこと」は環境しだいでびっくりするくらいに変化します。

ですから、環境を変えるだけで信じられないくらいに輝く人だって存在するのです。

今の環境での強みは絶対的なものではなく、環境が変われば弱みになる可能性があります。そして、今の環境での弱みが強みに変わることだってあります。

先ほどの例とは反対に、プレゼンスキルが弱みだと感じている人もいるかもしれません。しかし、職場によっては、あなたのスキルで十分に戦える可能性もあります。

そうなると、もうあなたにとってプレゼンスキルは弱みではなくなるはずです。

要するに、不安定極まりない「１つの強み」にしがみつく必要など、これっぽっちもありません。それより大事なのは、その場で必要とされる価値を提供することです。

専門性がなくても、その場その場で相手に求められている価値を提供していれば、成果も出るし自分だけの居場所も確保できるのです。

強みは時代とともに変化する

　もっというと、過去に評価された強みが、今ではまるで不要になるケースも日常茶飯事です。

　自分の強みは一生モノであり、長い時間をかけて磨き育てていく、というイメージで捉えている人がいます。けれども、これは明らかな間違いです。実際には、強みの有効性や賞味期限は時代とともに変化します。

　たとえば、昔のスーパーには「レジ打ちの職人」みたいな人がいました。バーコードのなかった時代には、1つひとつの商品に貼られた値札を正確に読み取り、それを素早く間違いなく入力するスキルが大きな武器となっていました。

　しかし、レジにバーコードが導入されると、数字を1つひとつ入力するスキルは不要となります。そして今は、セルフレジの導入が進みつつあり、「レジ打ち」という職種自体が消滅するのではないかと予測されています。レジ打ちという職種がなくなれば、レジ打ちスキルの賞味期限も切れてしまうわけです。

　特に、今は変化が多く、先行きが不透明な時代です。

　ビジネスや世界の不安定さを表す言葉として、よく使われるのがVUCA（ブーカ）というキーワードです。VUCAとは、次の4つの単語の頭文字をとった造語です。

Volatility（変動性・不安定さ）
Uncertainty（不確実性・不確定さ）
Complexity（複雑性）
Ambiguity（曖昧性・不明確さ）

「世の中の変化が激しい」という話自体は、結構前から聞かされ続けてきました。その中で自分なりに変化に対応しようとした人もいれば、同じような日常を過ごしていた人もいたことでしょう。
　ただ、2020年に新型コロナウイルスのパンデミックが起きたことで、ほとんどの人が変化を強く実感することになりました。

　少し前まで「相手と直接会わずに商談をするなんて失礼」という雰囲気がありましたが、今では当たり前にみんながオンラインで商談や打ち合わせを行っています。
　読者の中には、すでに在宅勤務が日常化した人も少なくないでしょう。昔のやり方に固執していたら置き去りにされるだけです。

　今やっている仕事が5年後、10年後も需要があるのか、誰にも断言できない時代です。これだけ変化が激しい時代に「自分にはこれしかない」と決めつけて一点モノのスキルを追求するなんて、僕には怖すぎて到底できません。

　個人のキャリアも多様化し、正解がなくなっています。
　一昔前には、いい大学を出ていい会社に入社すれば一生安泰とする意見にも、それなりに説得力がありました。けれども、今は終身雇用も年功序列も崩壊しつつあります。会社の寿命よりも、個人の寿命のほうが長くなってもいます。

そして、今や転職が当たり前の状況が到来しています。僕の周りでは、一度会社を辞めて起業した人が、やりたいことがあって再び会社員に戻った例もあります。

もはや会社で一緒に働く人が毎年コロコロと変化しても決して不思議ではない状況です。自分が変化を嫌って同じ職場に踏みとどまったとしても、突然自社が買収されて、知らない会社から急に上司がやってくる可能性だってあります。

そんな時代にあっては、状況の変化に応じて最適解を出せる能力が必要不可欠です。
必要なとき、すぐに、その場で必要とされる「強み」を取り出せる人こそが、これからの時代を生き抜いていけるのです。

世の中がどれだけ変化しても、不変の真理があります。
「価値を提供できれば、選ばれる人になれる」という大原則です。

とにかく人の役に立つことができれば、自分の居場所は確保できます。
強みは環境や時代の変化によって変わるもの。ですから、その都度、最適な強みを見つけ出せばいいのです。
大切なのは、いつでも新しい強みを見つけられるようにしておくこと。そのための思考のフレームワークを知っておくことなのです。

35

「本当の強み」で
選ばれる人になる

　今も多くの人が、自分の強みを見つけ出そうとさまざまなツールを試したり、本を読みあさったりしています。悩み多い日々の中で、すがるような思いで本書を手に取った人もいることでしょう。

　断言しますが、自分の専門性や得意技を強みにしようと考えても、いつまでも悩みからは解放されません。

　繰り返しますが、仮に得意技だと思えるようなスキルを手にしたとしても賞味期限は不透明ですし、そもそも誰かに必要とされなければ無意味です。

　ここで、もう一度あなたに「はじめに」と同じ質問をします。

「なぜ、あなたは強みを手に入れたいのですか？」

　あなたが本当に求めているのは、得意技を手に入れることではないはずです。

　求めているのは「転職したい」「職場の中で評価されたい」「選ばれる人になりたい」「フリーランスとして自由な生活がしたい」などなど。強みを手に入れた、その先の理想の未来ではないでしょうか。

　つまり、仕事で周りの人から必要とされること、成果を出して評価され、感謝されることを求めているのです。

あなたが成果を出すうえで決定権を握っているのは、あくまでもあなたの周りにいる他人です。

成果は他人が持ってきてくれるものです。

仕事では自分の力だけで成果を出せると思っている人が結構いますが、大きな勘違いです。どんなに実力があっても、上司や会社やクライアント、その先にある市場が満足してくれなければ成果は出せません。逆にいえば、相手が喜んでくれさえすれば、実力がなくても成果は出せます。

僕は、周りの人から「ビジネスがうまくいっている」「成功している」「すごいスキルを持っている」といわれることがありますが、世の中を見渡せば上には上がいます。圧倒的に成功している人と比べたら、自分なんてまだまだ未熟であり、スキルに乏しいのは重々承知しています。

でも、現実に僕の仕事で喜んでくれる人がいるからビジネスが成り立っているわけです。それでいいんじゃないかと思っています。未熟でもスキルがなくても、相手に合わせて求められることに応えられればいいのです。

サポーター型にこそチャンスがある

僕が思うに、サポーター型の人たちには相手に合わせる才能があります。

そもそもカリスマ型と呼ばれる人の多くは、我が道をゆく性格の持ち主です。他人からどう思われるかなど、お構いなしです。

それに対してサポーター型と呼ばれる人は、他人の動向に敏感で

す。常に空気を読み、他人の顔色をうかがいながら生活しています。

「ついつい周りの目を気にして行動してしまう」
「あまり目立たず、周りに合わせたほうが生きやすい」

　僕は、そんなふうに他人からどう思われているかを気にする気持ちがよくわかります。自分にもそういう傾向があるからです。
「他人の顔色をうかがう」というとネガティブな響きがありますが、別の面から見れば「他人の考えを想像するのが得意」ともいえます。

　サポーター型は相手の出方しだいでいろいろな行動を取ることができます。だったら、自分の強み探しにこだわるのではなく、「相手が求めていることは何か」を考えてそれに応えていくことでチャンスを広げられるはずです。
　自分のことなんてわからなくてもいいのです。相手が求めていることさえわかれば、サポーター型でも十分に成果を出せるのですから。

　相手が困っていること、助けてほしいことを知ったうえで、「私はそれを応援できます」というポジションに立てば、絶対に選ばれる存在になれます。
　これこそが、僕が「後出しじゃんけん」と呼んでいる、本当の強みを発揮する方法ということです。

「強み」を見つける視点を大転換しよう!

僕がこの本を通じてお伝えしたいのは、自分独自の強みを見つけ出そうとする以前に、強みとの正しい向き合い方を知ってほしい、ということです。

別の言い方をすれば、強みを見つけるための視点を180度転換してほしいのです。

自分の中に強みを探そうとすると、強みのジレンマに陥り、「強みの樹海」に迷い込んでしまいます。僕は、社会人の多くが抱える強みのジレンマに、そろそろ終止符を打ちたいと思っています。

実は、強みにまつわる誤解を解いて考え方を大転換するだけで、問題は8割方解決します。強みとの正しい向き合い方を知るだけで、案外「このままのスキルでも通用する」と自信を持てる人がたくさんいるはずです。

もちろん自分のスキルを磨くための努力も大事ですが、今の自分を肯定できることも大事だと思うのです。

僕自身、20代の前半は自分の強みを見つけようともがき、「結局自分には弱みしかないんだ」と悩んでいました。

だから「強みを見つけたい」「弱みしか見つからない」と悩む気持ちはよくわかります。

ただ、そういった人に指摘したいことがあります。「弱みしかない」というのは結局「自分しか見ていない」ということです。

「どれだけ考えても私には弱みしか見つかりません」という人に対してアドバイスをするなら、次の一言に尽きます。

「いやいや、あなたが自分をどう思っているかなんてどうでもいいから。それより、もっと周りを見てくださいよ」

逆に、「自分の強みはこれです!」と決めつけるのも危険です。

周りの人からしてみたら、強みの押し売りはただの迷惑です。「強みだか武器だか得意技だか知らないけど、能書きはいいから実際に何か役立つことをしてみせてくれよ」

これがあなたの周りにいる人の偽らざる本音なのです。

× 従来の強み＝自分が最も得意とすること
○ 本当の強み＝世の中に一番貢献できること

簡単にまとめると、これが僕の結論です。この本では「本当の強み」を見つけ、それを発揮して成果を出していく方法を考えていきます。

本当の強みが見つかれば、自分の能力は何ひとつ変わっていないのに、相手から急に評価されるようになります。平凡なままでも天才のように見られるようになります。

本当の強みを発揮しながら行動していくと、「あの人なら助けてくれる」「あの人にお願いしよう!」という評価が定着します。

次のChapter 2では、視点を変えて本当の強みを作る、「強み革命テンプレート」の解説をしていきます。

40

Chapter

2

「強み革命
テンプレート」
を知る

「強み革命テンプレート」とは
何か？

　Chapter 2 では、「本当の強み」を見つけるためのフレームワーク、「強み革命テンプレート」について解説していきます。

　相手のことをよく理解し、相手が求めているものに注目する。そして、相手が求めているものをひたすら提供していく。
　この原理は仕事で成果を上げるための基本であり、Chapter 1 でお話しした通りです。

　でも、実は相手が求めているものを知るだけでは不十分なのです。

「その提案、みんながよくいうやつだよね」
「それはもうほかの人がやってることだよ」

　こんな状況になったら、「本当の強みを発揮している」とはいいにくいでしょう。そう、自分が提供するものが周りの人と被っていたら、価値が低下してしまうのです。
「相手が求めていること」だけでなく、「周りのライバルがやっていないこと」も重要になります。

　加えて、「自分ができること」もポイントです。
　チャンスを見つけたとしても、自分がまったく手を出せないとしたら、強みの活かしようがないからです。

以上をまとめると、私たちが本当の強みを発揮して確実に成果を出すためには、

・相手が求めていること
・ライバルがやっていないこと
・自分にできること

の３条件が揃う必要があります。

　３条件が揃えば、どこで誰と働いても選ばれる人になれるのです。

　振り返ってみると、僕がビジネスでうまくいったときには、無意識のうちに３条件を満たす行動を取っていました。

　その経験をもとに、誰もが３条件を満たして成果を出すことができるように、僕が行ってきたメソッドを再現性の高いフレームワークに落とし込むことにしました。

　その結果として完成したのが「強み革命テンプレート」です。

「相手が求めていて、ライバルがやっていなくて、自分ができること」から「本当の強み」を作り出し、活かす

　これが、活躍できる人になるためのフレームワークなのです。

5ステップで「本当の強み」が
何度でも作り出せる

「強み革命テンプレート」では、5つのステップに分けて、「本当の強み」を作ることを目指します。5つのステップは以下の通りです。

ステップ1　ゴールを決める
ステップ2　相手軸を整理する
ステップ3　ライバル軸を整理する
ステップ4　自分軸を整理する
ステップ5　「本当の強み」を作る

この中で「相手軸」「ライバル軸」「自分軸」というのは、ちょっと耳慣れない言葉だと思います。後で1つひとつ詳しく解説していくので、ここでは「相手に関わること」「ライバルに関わること」「自分に関わること」くらいに捉えておけば大丈夫です。

シンプルにいうと、「まずは目指すゴールを明らかにして、相手のこと、ライバルのことを整理し、自分のリソースを踏まえながら本当の強みを作っていく」ということになります。

この5ステップに基づく「強み革命テンプレート」は、使う人や環境を問わず活用できる普遍的なフレームワークです。

強み革命テンプレート

ステップ1　ゴールを決める
ステップ2　相手軸を整理する
ステップ3　ライバル軸を整理する
ステップ4　自分軸を整理する
ステップ5　「本当の強み」を作る

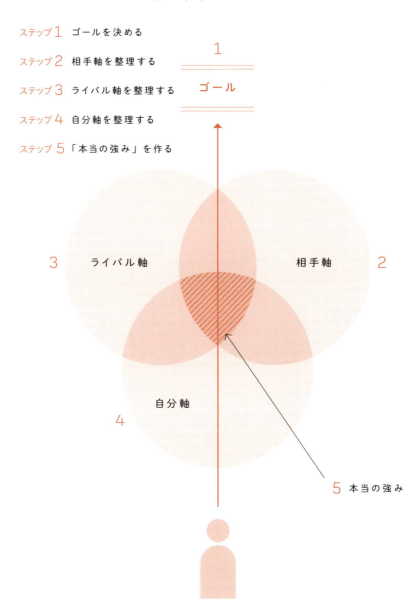

5ステップに従えば、目的や状況に応じて何度でも最適な「本当の強み」を作り出すことが可能です。

実際に活用していただくことで、従来の「自己理解」や「自己分析」といった方法とは、まったく違うアプローチであるのが実感できるはずです。

1 ゴールとは何か？

それでは、ステップ1から個別に解説していきましょう。ステップ1は「ゴールを決める」です。

ゴールとは、あなたがどんな結果を出したいのかということです。あるいは、「本当の強み」を発揮することで、効率的に、効果的にたどりつきたい場所ともいえます。

ゴールは人によってさまざまです。会社員の場合「職場で一目置かれる存在になる」というのもゴールですし、「売上を○○円上げたい」というのもゴールです。

「意中の企業に就職する」
「今よりもっと待遇のいい企業に転職する」
「今勤務している会社で誰よりも早く出世する」
「起業をして収入を増やす」
「新商品を企画してヒットさせる」

ゴールの内容はさまざまですが、共通するのはゴール設定がすべての出発点であるということ。ステップ1でゴールが設定されることによって、ステップ2以降の相手軸、ライバル軸、自分軸などの要素が決まります。

登山にたとえるなら、目指す山（ゴール）が決まることで、初めて必要な準備と行動が決まるということです。
　エベレストを目指すなら超本格的な装備や相当なトレーニングが必要ですが、近所の200メートルの山ならそこそこの軽装でも対応できます。どの山を目指すのか決まっていない段階で準備を行っても、見当違いになる可能性が大です。

　こうやって登山でたとえれば一目瞭然なのですが、強みについて考える場合はなぜかこの原則が忘れられてしまいます。
　多くの人は、どの山に登るか（何をゴールとするか）が決まっていないのに、とにかくいい道具（強み）を見つけなければと焦っています。道具（強み）を持たなければと焦るあまり、肝心のゴール設定が後回しになっているのです。

そして、いつの間にか、「強みを持つこと」そのものをゴールだと勘違いすることもあります。「簿記2級に合格するのが目標です」といいながら、簿記を使って何をしたいのかをまったく考えていないような資格取得に奮起する人が典型例です。

少々厳しい言い方ですが、これでは強みにただただ振り回されている奴隷状態です。

強みはあくまでもゴールを達成するための「手段」です。ゴールがあることで、強みを発揮する必要が出てきます。この順番を忘れないようにしてください。

2 ｜ 相手軸とは何か？

ステップ2では相手軸を整理します。

相手軸とは、「ゴールを達成するために、自分が影響を与えたい人」のことです。そして相手軸の整理は、自分が影響を与えたいと思う相手についてリサーチすること全般を意味します。

なぜゴールを設定した次に相手軸を考えるのかというと、相手軸が最も重要な要素だからです。相手軸について深く考え追求している人は、どんな世界でも成功を収めています。

これは営業のシチュエーションで考えるとわかりやすいと思います。

たとえば、あなたがクルマの購入を検討していて、セールスパーソンの訪問を受けたとしましょう。そこでセールスパーソンがひたすら自分を売り込んできたり、「このクルマ、僕大好きなんですよ！　どうですか？」とたたみかけてきたりしたらどうでしょう。

うんざりしますよね？　その人からクルマを買う気がなくなりますよね。

では、あなたのクルマの用途や好みなどを細かく聞いてくれたうえで、最も要望を満たしてくれるクルマを提案してくれたらどうでしょう。最終的に買うかどうかはともかく、その提案は参考にしようと思うはずです。

僕が知っている有能なセールスパーソンは、商談相手のSNSを、過去にさかのぼって詳しく調べています。そして、相手が求めているものを事前にシミュレーションしたうえで商談に臨んでいます。

つまり、相手のことを考えて、相手の問題解決を第一に仕事をしています。自分自身を売り込んでいるのではなく、相手のニーズに合った商品やサービスを提案しているのです。セールスがうまくいくのも当然です。

人が「自分だけの強み」にこだわるのは自分が好きだからです。自慢話ばかりしてアピールしたがるのも、自分が大好きだからです。

自分の要望を押し通し、相手の話を聞こうとしないのは、他人に興味を持っていないからです。他人に無関心なので、相手についてろくに調べようとせず、自分の価値観を押し付けようとします。相手にしてみれば、ただの迷惑です。

みんなが他人に無関心ということは、逆にいえば、相手に興味を持つだけでものすごいアドバンテージを得られるということです。

相手が何をやったら喜んでくれるかを考えて、実践するだけで「その他大勢」の中から一歩抜きん出ることができます。

49

どんな職場に転職し、どんなキャリアを歩んでも、この基本さえ忘れなければ絶対に成功できます。だから、最初に相手軸を整理することが大事なのです。

3 ライバル軸とは何か？

ライバル軸とは、「相手軸に対して影響を与えよう、選ばれようと思っている人たち」のこと。

就職や転職の成功を目指すケースでは、同じ企業を志望する人であり、職場であれば同僚がライバル軸に相当します。

ただ、職場の同僚などは、競争相手というより共通のゴールを目指す「仲間」という側面のほうが大きいと思います。

この本ではライバルという言葉を「競争相手」だけではなく、「お互いに高め合うライバル」という２つの意味で解釈して使っています。ゴールと相手軸が決まることで、ライバルという単語の意味も変わります。

ライバル軸の重要性に関して改めて大事だなと思った出来事がありました。それは、テレビ業界の人が「入社面接で『私はYouTubeの動画編集が得意です』と自己アピールする学生が多すぎて疲れた」とSNSに書き込んでいたのを目にしたときのことです。

多くの学生は、就職にあたって自己PRの材料が必要であると認識しています。テレビ業界を志望するなら、動画編集のスキルはあったほうがよさそうです。そこで「動画編集」を自分の強みとして設定し、せっせとアピールするわけです。

一見すると理屈は通っているように見えますが、動画編集をアピー

ルする学生には「周りのライバルが何をアピールするか」という視点が欠けています。

　もちろん、自分の実績がライバルの人たちよりも圧倒的に強い場合は、そのままアピールしてもよいでしょう。しかし、事前のリサーチで「ライバルがみんな動画編集をアピールしたら自分に勝ち目はない」と気づいたら、その面接では別の自己PRの材料を用意したほうがいいと思うはずです。そこで準備した材料がヒットすれば、面接突破の可能性も高まります。

　こんなふうに発想できる学生は、就職はもちろん、その後のキャリアでもそうそうつまずく心配はないと思います。

　相手目線だけではなく、ライバル目線からも物事を考える思考の癖を持ちましょう。

　いずれにしても、相手に与える価値は需要と供給の関係で決まります。自分だけの価値と思っているものを、すでに誰かが提供していたというのはよくある話です。相手が求めていても、すでに周りが提供していたら効果が薄くなってしまいます。

　そして、相手から選ばれるためには、ライバルが弱みとするところ、アピールしていないところ、手を付けていないところを把握し、そこを狙っていく必要もあります。それによって自分が提供するものの価値が高まるという理屈です。

　ランチェスター戦略という、企業の営業や販売計画に使われる競争戦略があります。ランチェスター戦略では、戦力に勝る「強者」と戦力の劣る「弱者」に分けたうえで、弱者が強者に勝つための方法を説

いています。

そこでは、やはり競争相手の弱いところを狙って一点突破する重要性が指摘されています。自分が弱くても、ライバルがもっと弱いところで勝負すればいいのです。

もちろん、職場では仲間である同僚をライバル視して打ち負かす必要はありません。そうではなく、お互いを補完する意味で、「同僚の弱いところをフォローして成果を出す」という発想に切り替えればいいのです。

「相手」だけではなく、自分の周囲にいる「ライバル」に興味を持ち、その「強み」「弱み」を自分の言葉で整理することを意識してください。

特に、現時点で「自分にはこれといった強みがない」と感じている人こそ、相手軸と同じくらいの労力を注ぎ、ライバル軸についてじっくりリサーチすることが重要です。

状況に合わせた対応が得意なサポーター型の人は、自分の強みを探すより、ライバルの弱みのほうが見つけやすいと思います。そこから自分の居場所を作っていくのです。

4 ｜ 自分軸とは何か？

自分軸とは、一言でいえば「あなた自身」です。あなたがこれまでの人生経験の中で積み上げてきたものであり、自覚している従来の強みや弱みが挙げられます。

いわゆる自己分析や自己理解というのは、この自分軸を整理することです。しかし、「本当の強み」を作るにあたって自分軸の内容はそれほど重要ではありません。相手軸・ライバル軸の２軸と比較すると

自分軸の重要性は下がります。

　多くの人は「自分のことをアウトプットしてください」といわれると、ペンが止まり、考え込んでしまいます。結局、人は自分のことをよくわかっていません。自分で自分の眉毛を見るようなものですから、自分のことを客観視するのは難しいのです。
　そのため「強み革命テンプレート」では相手軸とライバル軸を整理して、ある程度狙いどころを見つけておいてから、最後に自分軸を組み合わせる順序としています。

　自分軸としてよく挙げられるネタが自分の「強み」や「弱み」です。僕は、一般的に強みや弱みといわれているものを「特徴」と定義しています。
　特徴は、「本当の強み」になりうる素材の1つにすぎません。
　相手が求めていて、ライバルがやっていない。この条件に合致したあなたの特徴があれば、それを活かせばいいのです。だから、僕は自分軸のことを「手札」と考えています。状況に合わせて出し分けをするということです。
　自分が得意だと思っていることだけではなく、自分が苦手としていることも、あくまでも特徴の1つとして位置づけられます。
　つまり、自分では弱みだと思っていても、相手に提供してみない限り、本当に弱みであるとは断定できません。あなたの強みや弱みという特徴に対して、価値を感じるかどうかは相手軸やライバル軸の動向しだいなのです。たとえ自分では「強み」と思えないような些細なことでも、相手が求めていて、ライバルが提供していなければ、価値を与えられる可能性は十分にあります。

実際のところ、たいていの弱みは、強みと表裏一体の関係にあります。たとえば「心配症」の人は「物事をしっかりと調べて確認を取れる人」と言い換えることができます。

　僕の会社で経理を担当している人（Mさん）は、まさしくこのタイプに該当します。

　Mさんは心配症で、計算して出した数字を何回もチェックしないと安心できない性格の持ち主です。反対に僕は数字を1回しかチェックしないので、計算ミスを見逃してしまうことがよくあります。

　なので、仕事中に僕はたびたび計算ミスを指摘してもらっています。指摘されるたびに「なんでこんなに細かいところに気づくんだろう！　天才じゃないの!?」と本気で感謝しています。

　Mさんは心配症であることを「弱み」として捉え、そのせいで仕事が遅くなっていると感じていました。でも、僕にしてみれば、その心配症を発揮してもらわないと困るわけです。正直、会社にいてもらわなくては困る存在なのです。

　だから、自分で勝手に強みや弱みを決めつける考えは自分目線に留まっているということ。相手目線をマスターするだけで、弱みだと思っていた特徴は強い「手札」になるのです。

　ちなみに、細かくいうと一般に「弱み」といわれるものは、大きく「特性の弱み」と「スキルの弱み」に分かれます。

　前述したような「心配症」などは特性の弱みであり、そのまま強みに転換できる可能性があります。

　一方で、スキルの弱みは改善するための努力が必要です。たとえば、「パワポをまったく使えない」が弱みだったら、パワポを習得する努力が求められるのは確かです。

　普通に考えたら、「パワポを使えない」レベルの人がパワポを強み

にするのは無謀でしょう。

けれども、相手軸の人が、自分よりもっと苦手でめちゃくちゃ困っている、ということもありえます。そんなとき、「苦手だから無理」といって逃げずに、少しでも役に立てるよう努力することで、いい評価も成長も望めるはずです。あなたが苦手なことや、やったことがないことでも、相手目線をマスターすれば価値を提供できる可能性があります。今苦手としていることでも、相手に貢献できるならやってみてください。

前にお伝えしたように、「強み」を自分軸から考え始めると「強みの樹海」にハマります。相手が求めていて、ライバルがやっていないことに対して、最後にそっと自分軸を組み合わせる思考に転換しましょう。

---

5 | 「本当の強み」を作り出す

ここまでの３つの軸を統合して、「本当の強み」を作り出します。「強み革命テンプレート」とは、ゴールを達成するために「相手が求めていて、ライバルがやっていなくて、自分ができること」を導き出すフレームワークです。

従来型の強みの見つけ方とは、かなり違う印象を持たれたのではないでしょうか。

従来の強みの見つけ方は、自分にできることや得意なことを考える方法が一般的でした。この本の言葉でいうと「自分軸」だけを掘り下げて強みを見つけ出していたわけです。

しかし、自分で「強み」と思えるものを見つけても、相手に選ばれなければ無意味です。相手にしてみたら、特に必要でもないものを「こ

れが私の強みです！」と堂々と提示されたところで、「だから、何？」となるのが当然の成り行きです。

実際、僕の会社に面接に来てくれた方で「僕の強みは○○です」といきなりPRを始めた人がいました。そうやって自分目線であれこれ話をされるより、僕との会話の中で情報収集して、最終的にPRしてくれればいいのに、と思います。「御社のビジョンや現在の課題に対して僕はこのように貢献できます」といってもらえたほうが「おお、よく会社のことを見ているし、視野も広いな」と感じますし、一緒に働きたいとも思います。

とにかく自分目線で強みを考えるのはもったいないのです。自分目線の強みを発揮できるのはカリスマ型の人間だけ。世の中に多く存在するサポーター型の人間は、相手からの求めに適切に応えることで、初めて成果を出すことができます。
ビジネスの世界で評価されるかどうかは、相手に喜んでもらえるかどうかに尽きます。相手のニーズは、相手の状況しだいでめまぐるしく変わりますし、自分が相手に与えられる価値もケースバイケースで変わります。
大切なのは、相手が求めていることを想定し、ライバルとは違うアプローチで価値を提供することです。「自分軸」中心主義から「相手軸×ライバル軸」中心主義への大転換を図るイメージです。
「強み革命テンプレート」を活用すれば、誰でも本当の強みを見つけることができます。そしてビジネスでも確実に成果を出すことができます。

3軸を同時に
俯瞰することはできない

　相手軸、ライバル軸、自分軸を整理して、そこから情報を統合して強みを作り出しますが、いきなり「本当の強み」を生み出そうとすると苦戦します。

　3軸を同時に見るためには、深い経験と高い視点が必要だからです。

　高い視点から見ることを、心理学などの分野では「メタ認知」といいます。「メタ」には「高次の」という意味があり、自分自身を客観的に認知することを表します。

　僕は読者のあなたにできるだけ高い視点を持ってほしいと思っています。3軸を同時に俯瞰する視点を持てば、どんな環境でも「相手が求めていて、周りがやっていなくて、自分ができること」を見つけて実行できます。これは最強のビジネススキルです。

　20代、30代で3軸を俯瞰する高い視点が身につけば、その後どんな環境で働くことになっても確実に通用すると、自信を持って断言します。

　でも、3軸を俯瞰するメタ認知は、残念ながらすぐに身につくものではありません。

　そこで大切なのは、段階的に「本当の強み」を作り上げることです。最初は、相手軸とライバル軸から「相手が求めていて、ライバルがやっていないこと」を見つけ出します。その情報に自分軸をぶつけて本当の強みを作っていきます。

いきなり生み出すのではなく、1つひとつの要素を組み合わせて少しずつ作り上げていくわけです。

　料理でたとえるなら、材料を一気に入れるとうまくいかないが、順番を守って作り上げていくと美味しくなる、ということです。
「強み革命テンプレート」を使えば、スムーズに段階を追って本当の強みを作り出すことができます。「本当の強み」を作り出して行動を繰り返していくことで、自然と視点が上がっていきます。
　慣れていけば、ワークをしなくても「本当の強み」をサクッと見つけ出し、価値を提供して選ばれる人になれるのです。

材料を一気に入れてはダメ

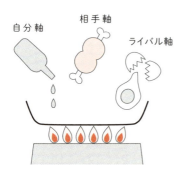

**1つひとつの要素を
組み合わせることが重要**

さぁ、ワークをやってみよう！

「強み革命テンプレート」の流れについて、ざっくりご理解いただけたでしょうか。

次のChapter 3では、いよいよ実際に、本当の強みを見つけるワークに入っていきたいと思います。

ここで、ワークシートに書き込むときの注意点を挙げておきましょう。

ワークに取り組むとき、慣れない人はなかなか言葉が出てこないかもしれません。言葉が出てこないことで、だんだん不安になってくる人もいると思います。でも、最初からスラスラとワークシートに書けなくても大丈夫です。

自分の考えを口に出したり、書き出したりするにはある程度トレーニングが必要です。ですから、最初は練習だと思って取り組んでみてください。

まずは、とにかく頭によぎったことを書き出しましょう。文章としてまとまっていなくても、単語1つだけでも、「ちょっと違うな」と思うことでも構いません。

何事も動き出すときが一番大変です。1文字でも書き出してしまえば、後の言葉が続いて出てきたりします。ささいな単語が出てきたのをきっかけに、関連する記憶が呼び出される可能性もあります。動き出しのハードルをクリアすれば、だんだん言葉が出てくるようになる

ものです。

　どうしてもワークシートに書き出すのが難しい人は、友人や同僚などにインタビューしてもらう方法もアリです。
　普段、友人や同僚たちと雑談をしている流れの中で具体的に質問してもらうと、案外記憶が掘り起こされるものです。友人や同僚とお互いにワークしても面白いですね。

　なお、「本当の強み」を後から検証する際には、この本のワークシートに細かく書き込んだ情報が非常に役立ちます。
　記録を残しておけば、修正ポイントを探すときに便利です。「ライバル軸のリサーチが足りなかったな」「相手軸の求めているものが違っていたな」など、細かいポイントに気づき、当初の「本当の強み」を修正できます。修正した仮説で検証を繰り返していくうちに、仮説の精度がどんどん上がっていくというわけです。

　大事なのは、書き出すと決意して実行すること。ワークシートに書き出した内容は、あくまでも仮説にすぎません。「すべてはテスト」です。本当の強みを作り出し、実際に考えて行動してみる。もし、仮説が外れていたら、また何度でも「本当の強み」を作り出せばいいのです。
　巻末には「強み革命テンプレート」ワークシートのダウンロード特典を用意しています。ワークシートを印刷したり、パソコンで直接書き込んだりして、何度も使いたい方は、そちらから取得してください。

Chapter

3

「本当の強み」を
生み出す
ワーク

ステップ 1

ゴールを決める

　本章からは、「本当の強み」を作るためのより深い解説と、ワークの内容をお伝えしていきます。ワークは、時間を取ってチャレンジしてみてください。あなたの価値を最大化して、選ばれる人になるためのフレームワークとなるはずです。

　ステップ1は、「ゴールを決める」です。本当の強みを作るためには、目的意識が大切です。何のために本当の強みを作るのか？　ゴールを明確にしないと、誰にどのような価値を提供して目的を達成するのか、定まりません。最初の出発点であり、超重要ポイントです。

ステップ**1** **ゴールを決める**

ステップ**2** 相手軸を整理する

ステップ**3** ライバル軸を整理する

ステップ**4** 自分軸を整理する

ステップ**5** 「本当の強み」を作る

1

ゴール

3 ライバル軸

相手軸 2

自分軸

4

5 本当の強み

Chapter3 「本当の強み」を生み出すワーク──ステップ1 ゴールを決める

ワーク
1-1 理想と現実を把握する

　このワークは、ゴール設定が現状明確でない場合にやっていただきたい作業です。目的意識がはっきりしていて、自分がなりたい姿と期日がはっきりしている人は、69ページのワーク1‐2から取り組んでください。もちろん、丁寧に1ステップずつやりたい、本当の強みを何のために活かすのかという目的をはっきりさせたい人は、このワークから取り組んでいきましょう。

1 ｜ 仕事の悩みを書き出す

　まず、現状の仕事の中で感じる悩みを書き出してください。なぜゴールを考えるために、悩みから書き始めるのかというと、ゴールは悩みを反転させることで見つかるからです。

「ゴールなんて『どうなりたいか』を言語化すればいいだけだから、簡単でしょ」と思ったかもしれません。でも、これまで僕がクライアントをサポートしてきた経験の中でも、実際にフタを開けてみると、ゴールを明確にすることに意外と苦労される人が多かったのです。
「ゴールを考えてください」といわれてパッと言語化できる人は、そもそもゴールを設定して達成するプロセスに慣れている人です。常に「どうなりたいのか？」を念頭において行動している人たちですね。このプロセスに慣れていない人は、次のように考えてみてください。

まずは、ネガティブな状態の言語化をします。

「どうなりたいか」をうまく考えられていなくても、「今の状態がよくない、なんとかしなければいけない」という悩みは言語化しやすいのです。

人は、ポジティブな出来事や情報よりも、ネガティブな出来事や情報のほうに注意を向けやすく、また、それが記憶にも残りやすい特性があります。これはネガティビティバイアスと呼ばれ、正常な人間の本能なのです。

このワークでは、悩みを書き出しやすいようにジャンル別に分けました。「人間関係」「お金」「時間」「やりがい」「その他」と分けています。書けるところから埋めていきましょう。すべてのジャンルに対して悩みを書き出せなくても構いません。

「悩み」といっても漠然としていますので、自分にとって「嫌なこと」「避けたいこと」「つまらないこと」と少し分類して考えるとアウトプットしやすいと思います。

悩みは1つとは限りません。たくさん書き出してみましょう。

2 | 理想の状態を書き出す

現状の悩みを反転させて、理想の状態を書き出していきましょう。この理想像は、できる・できないを考えずに、アウトプットしていくことが大事です。まずは数を出していき、後から徐々に明確化していきます。

現状の悩み→理想の状態

・残業ばかりで自由な時間がない
　→定時にあがることができて、プライベートも充実
・苦手なことを後輩に聞かれるのがしんどい
　→後輩に対しても自信を持って接することができる
・会社の中で役に立っている感覚がなくて居場所がない
　→会社の中で「自分はコレ」という武器があって、
　　役に立っている感覚がある
・周りがすごい先輩ばかりで居場所がない
　→先輩と同じくらい活躍する
・サービス残業ばかりで給料が増えない
　→サービス残業がなくなり、働いた分だけしっかり給料がもらえる
・上司からの指示が曖昧で、手直しが多く時間がかかる
　→上司とのコミュニケーションが改善され、
　　手戻りなく仕事がスイスイ進む

3	ワクワクする理想の状態を 最大3個までピックアップする

　最後は簡単です。書き出した理想の状態の中から、ワクワクする理想像を○で囲んでピックアップしてください。

　数は、最大3個までに絞りましょう。ピックアップしたものは次のワークで使います。

ワーク1-1 理想と現実を把握しよう

	現状の悩み ⟵ ⟶ 理想の状態	
人間関係		
お金		
時間		
やりがい		
その他		

Chapter3 「本当の強み」を生み出すワーク──ステップ1 ゴールを決める

記載例

	現状の悩み ←—→ 理想の状態	
人間関係	・頼れる先輩がいなくて自分で全部やらないといけないというプレッシャー ・社内のチーム間がギスギスしていて連携がとれない	・頼れる先輩がいる ・チームで解決する体制が整っている
お金	・残業ばかりでお金を使うところがない	・残業時間をコントロールできる ・お金を使う時間がある
時間	・とにかく忙しくて、家に帰れない日もある ・会社の仕事以外で、英語などのスキルを身につけたいと思っても、時間が取れない	ピックアップ ・仕事の時間をコントロールできる ・会社の仕事以外でも、自己啓発活動の時間を持つことができる
やりがい	・成果に直結しない雑用が多い ・上司や同僚から仕事で頼ってもらえることが少ない	・成果に直結する仕事に集中できる ピックアップ ・上司や同僚、部下から認められている ・どこでも働けると思えるような実力が身についている
その他	・自分自身にプログラミングのスキルがないので、モノづくりに参加できない ・納期に遅れているのに、顧客からの変更要望が多くて、ますますタスクが増えていく毎日	・スキルが身についていて、スキルでチームに貢献できる ・納期に遅れていない ・顧客からの変更要望の頻度が少ない

ワーク 1-2　成長イメージの逆算

　ワーク1-1で書き出した理想の状態は、抽象的でざっくりしていると思います。このワークでは、「理想の状態」を具体化させていきましょう。

　よくいわれることですが、目標はできるだけ明確にしたほうが結果につながりやすくなります。そのために、「期日」という要素を使っていきます。

　ここでは、まず1年後のイメージを作成し、次に6ヶ月後→3ヶ月後と期間を短くしていくことで、成長イメージを言語化します。ポイントは、比較的イメージしやすくて、少し遠い未来である「1年後」から逆算して考えていくことです。「1年後、ピックアップした理想の状態になっているためには、何を達成できていればいいのか」。これを言語化して書き出すことが重要です。

　なぜ最長が1年後かというと、今は3年後、5年後、10年後を想像するのが難しい時代だからです。長期的すぎるゴールを設定しても、環境の変化にともないゴールが無効化してしまう恐れがあります。ちなみに、6ヶ月後、3ヶ月後というのは、会社の業績の振り返り期間に対応させています。

　よって、まずは67ページの「理想の状態」でピックアップしたものをもとに、成長イメージを逆算していきましょう。

ワーク1-2 理想の状態を書き出そう

あなたがピックアップした理想の状態を書きましょう。
(   )
(   )
(   )

理想の状態への成長イメージを、詳細に言語化しましょう。

	理想の状態
1 年後	
6 ヶ月後	
3 ヶ月後	

記載例

あなたがピックアップした理想の状態を書きましょう。

(仕事の時間をコントロールできる   )
(上司や同僚、部下から認められている   )
(   )

理想の状態への成長イメージを、詳細に言語化しましょう。

	理想の状態
1 年後	・納期に遅れることなく納品できる ・仕事とプライベートが両立できる ・社内で頼りになる人材として認知されている ・ボーナス評価 A 判定で収入が増える
6 ヶ月後	・納期の遅れをリカバリーする算段がついている ・仕事の残業時間が今までの半分くらいになっている ・今週は休日出勤はなさそうだという安心感が続いている ・部下から少しずつ頼りにされる場面が増えている ・他部署のリーダーから情報共有をしてもらえる
3 ヶ月後	・納期の遅れが、これ以上遅れないレベルにはなっている ・週に 1 日は定時で帰れる ・仕事に対して「これならチームの役に立てる!」と思えるポイントが見つかり始めている ・チームメンバーから悩みごとの相談をされる回数が増えている ・他部署のリーダーに、相談に行くことができる

Chapter3 「本当の強み」を生み出すワーク──ステップ1 ゴールを決める

ワーク	
1-3	ゴールを設定する

3ヶ月後、6ヶ月後、1年後の成長イメージができたら、それぞれの段階で目指すゴールのイメージをより鮮明にしていきます。このステップでどこの山に、いつまでに登るのか、考えていきましょう。

1 | ゴールの期間を選ぶ

ワーク1-2を踏まえて、最後に自分が「どれくらいの期間で、どんな結果をもたらしたいのか」をまとめていきます。

まず「3ヶ月後」「6ヶ月後」「1年後」という期間の中から、どの期間を今回のゴールにするのかを決めます。

ここでのポイントは、「1年後」をゴールに選ばなくてもいいということです。

3ヶ月後を選択した場合でも、あなたが本当の強みを発揮して、周りに変化をもたらすことができる十分な期間です（ゴールの内容やあなた自身が積み上げてきた経験値によって、十分な期間かどうかは変わります）。何より、短期的な変化はイメージしやすいので、モチベーションにつながります。いずれにしても、自分が今、最も力を入れて取り組みたいと思う、ワクワクする期間と理想を選定してください。

ここで、ゴールを短期に設定するか長期に設定するかによっても、「本当の強み」を改善するときのスタンスが変わってきます。

たとえば「３ヶ月後に転職でA社に入社する」ことがゴールの場合、徹底的に相手軸とライバル軸をリサーチして、現時点での手持ちの武器で勝負することになります。

　これに対して、ゴールが「１年後に職場で最高の評価を得る」の場合、強みを改善していく時間がたくさんあります。現時点では持っていない強みを、途中の段階で育てたり作ったりすることも可能です。

　ゴールまでの期間が長期になればなるほど、仮説検証の機会が増え、「本当の強み」を改善していけるメリットもあります。後述しますが、「本当の強み」は一度見つけたら終わりというわけではないのです。

2	「期間」以外の定量化を考える

　より詳細な設定は、ゴールへの達成度合いを教えてくれますし、行動をサポートしてくれます。

　もし、あなたが営業成績を高めたい、フリーランスになっていくら稼ぎたい、というのであれば、目標を数値化することは簡単です。しかし、僕たちのゴールには定性的で曖昧なものも存在します。モテたい、出世したい、職場での居場所を見つけたい、人間関係のストレスを減らしたい……。こういった欲求は、曖昧なゴールにつながりやすいのです。

　なので、可能な限り数値化できないかを検討してみましょう。「すべてはテスト」なので、完璧じゃなくて大丈夫です。自分と向き合って、本当の強みを見つけ出す工程を楽しんでいきましょう。

たとえば、

・残業を減らしたい
　→残業を月10時間以内にする
・嫌な上司からのムダなストレスを減らす
　→仕事ができる人だと思わせて、
　　業務内容を確認される時間を50%削減する
・出世したい
　→ボーナスの評価でAを出せるようにする
・職場で居場所を見つけたい
　→これなら自分の価値を提供できるという得意分野を３つ見つける

といった、期間以外の定量化も考えられます。

3 ｜ ゴールを言語化する

　ここで、あなたがどんな山を登りたいのかバシッと言語化しましょう。自分にすっと受け入れられるか？　この山登りにチャレンジしたいと思えるか？　それを確認するために、設定したゴールを音読してみてください。
「音触り」というのは僕が勝手に作った言葉ですが、口に出すと自分にフィットするかしないかわかるのです。
　自分で声に出して、音に触ってみる。言葉が詰まる場合は、より発声しやすい言葉に変えてみましょう。複数回、音読してみてください。
　音読がスムーズならば、あなたはその方向に進んでいくことができます。そして、このゴールを達成するために必要な「本当の強み」を見つけて、しかも活かしていくことができるはずです。

ワーク1-3 ゴールを言語化しよう

私は、

（期間）： ＿＿＿＿＿＿＿＿＿＿（○月までに、○ヶ月間でなど）、

（どんなこと）： ＿＿＿＿＿＿＿＿＿＿＿＿＿＿＿＿＿＿＿＿＿

＿＿＿＿＿＿＿＿＿＿＿＿＿＿＿＿＿＿＿＿＿＿＿＿＿＿＿＿

　　　　　　　　　　　　　　　　ことをゴールとします。

このゴールを達成するために活用する「本当の強み」を
ワークを通して作り出します。

記載例

私は、

（期間）：　1年間で、＿＿＿＿＿＿＿＿＿＿＿

（どんなこと）：　上司、同僚、部下からも頼りにされ、残業時間を
月45時間までに削減し、ボーナス評定Aを取る＿＿＿＿＿＿

　　　　　　　　　　　　　　　　ことをゴールとします。

このゴールを達成するために活用する「本当の強み」を
ワークを通して作り出します。

ポイント

ゴール設定のコツ

　ここでゴール設定をするときに気をつけてほしいポイントを解説していきます。

　次の3つのポイントをきちんとクリアできているか、チェックしてみてください。

1 ｜ 結果目標をゴールにする

　ゴール設定のコツは「結果」をゴールに設定することです。結果は自分だけの努力では達成できません。誰かに価値を提供して、初めて結果がもたらされます。

　「行動（価値提供）」→「結果」という因果関係にあり、結果のために逆算して本当の強みを作っていく必要があります。だから、自分の行動と、それによって引き起こされる結果は明確に分ける必要があります。

　そもそも目標には種類があって、「行動目標」と「結果目標」に分けることができます。

　山登りの例でいうと「山登りをする」ことが行動目標であり、「富士山の山頂で朝日を見る」ことが結果目標です。行動することで結果が生まれるので、行動目標と結果目標はひもづいています。しかし、両者はあくまでも別物です。

76

ただ「山登りをする」といってもどの山に登ればいいのかわからないのと同じで、「最終的にどうなりたいか」という結果目標を考えずに行動目標を設定しても、ゴールへの到達は難しくなります。

あなたが進むべき方向性を決めるという点において重要なのは結果です。

結果を出すために行動が求められます。

たとえば「海外勤務を実現する」という結果目標のために「英語を学ぶ」という行動目標を設定するならわかります。でも、ただ「英語を学ぶ」では最終的にどこを目指しているのかが不明です。これでは結果目標の達成は期待できないわけです。

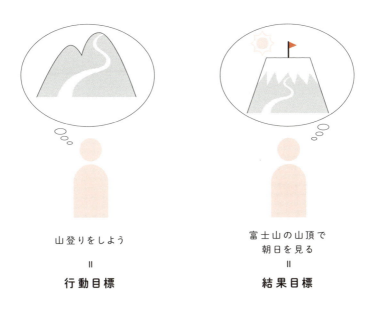

山登りをしよう
＝
行動目標

富士山の山頂で
朝日を見る
＝
結果目標

本当の強みを見つけるうえでは、結果目標を設定することが不可欠です。結果目標をゴールとすることで、正しい「本当の強み」を見つけやすくなります。

「最終的なゴールを設定し、そこに向かうために必要な本当の強みを見つける」という順序を忘れないでください。

　就活や転職の成功を目指している人の場合は、結果目標の設定にそれほど迷いがないと思います。「○○社に入社する」という最終ゴールが明確だからです。

　転職希望者の中には漠然と「転職に成功する」ことをゴールにする人もいますが、具体的にどの会社に入社したいのかを明確にしたほうがさらによいです。なぜなら、結果目標は具体的なほうが、後の相手軸のリサーチの精度が上がり、仮説が鋭くなることで、よい結果につながりやすいからです。行動目標ではなく結果目標をゴールにする。このポイントを意識してください。

2 | 相手がいてこそ、達成できるゴールを設定する

「本当の強み」を作り出すためには、たとえ結果目標であっても、自分だけで完結できてしまうゴールを設定しないでください。「TOEICのスコアを○○点まで上げる」などが典型例です。

　結果目標は、「自分だけで実現できるもの」と「相手が関わることで実現できるもの」に分けられます。

「TOEICのスコアを上げる」のように自分の努力しだいで実現可能な結果目標は、受験の合格や資格の取得など、ごく一部の分野に限られます。

　これに対して、就職や転職、職場での評価などはすべて他人がもた

らすものであり、相手が関わることで実現できる結果です。

　しかも、TOEICのスコアを上げた場合も、その能力を活かす際にはやはり他人に評価してもらう必要があります。

　他人に評価してもらうためには、「相手にどう影響を与えるか」という視点が不可欠です。あなたが誰かに対して独自の価値を提供することが「本当の強み」ということなのです。

　ゴールを設定するときに、他人が関わらない状況を思い浮かべてしまう人は、もっと視野を広げてみましょう。成果は他人がもたらしてくれる、という観点からゴールを考え直してください。

3 ゴールは、何度でも設定し直せる

「ゴール」と聞くとちょっと仰々しく感じる人がいるかもしれませんが、もっと気軽に考えてください。

　ゴールはいつでも何度でも設定し直せます。1つだけしかゴールを作ってはいけないなどという決まりはありません。人間関係のゴール、お金のゴール、やりがいのゴール、それぞれの要素についてゴールを設定してもいいのです。

　ただ、ゴールごとに必要な「本当の強み」は異なります。そのため、相手軸、ライバル軸、自分軸は、ゴールごとに設定する必要があるわけです。

　また、最終的なゴールを達成できないからといって、そんなに苦しむ必要はありません。ゴールに向かってコツコツと小さな成果を出すプロセスを楽しめるようになると、取り組みが長続きしますし、無理なく成長することができます。

　僕自身は「みんなの前でゴールを宣言して達成する」、いわゆる有言実行タイプの人間ではありません。というか、有言実行という言葉

がちょっと苦手です。日常的に結果を意識し続けるとプレッシャーがかかってしまい、気持ちよく仕事をするのが難しくなってしまうのを感じます。

「目標を達成します」と公言して実際に達成する人は素直に格好いいなと思います。

でも、僕が目指しているのは、そういうのとはちょっと違います。結果が出ることで得られる満足感よりも、結果を追い求める過程で何度もテストをしながら試行錯誤する工程に面白さを感じています。成長を楽しんでいるのです。

実は、人間には2つのタイプがあります。

〈達成型〉

遠い未来に向かって計画を立て、目標を達成していく。目指したい目標を明確にしながらその道のりを細分化して、計画を着実に実行していくタイプ。

〈展開型〉

未来をあらかじめ決めずに、幸せや楽しさなど「価値観」を大切にしながら実現をしていく。「楽しそうだからやってみよう！」そんなふうに人生の流れに身を任せるタイプ。

これを読んで、あなたはどちらだと感じましたか？　どちらかに属するというよりは、誰もが両方の気質を持っていて、どちらかのタイプの比重が大きいという感じだと思います。

ゴール設定をすることで、やる気に満ちあふれて行動していける人は達成型でしょう。でも僕のように展開型だと、ゴールにコミットするより、方向性を決めて進むことのほうに楽しさを感じます。山頂に到達することより、山登りを楽しむタイプなのです。

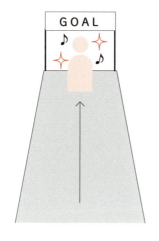 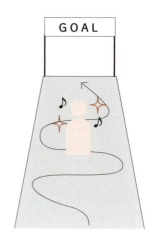

　　　　達成型　　　　　　　　展開型

　展開型の人は、ゴール設定が曖昧なままで、進むべき方向を間違ってしまうことが多々あります。山を登ってみたら、違う山に登ってしまったというパターンです。どちらのタイプもゴール設定は進むべき方向性を定めるという観点で重要なのです。
　僕が大事にしているのは「思考をすることで行動ができ、行動することで成長し、成長することで結果につながる」という流れです。
　ゴールは一度決めて終了ではありません。思っていたのと違うなと感じたら、気軽に方向転換してもいいですし、新しいゴールを随時設定するのも大賛成。「すべてはテスト」と考えて、「本当の強みを作る工程を楽しむことで最終的な結果につながれば嬉しいよね」というくらいのメンタリティで取り組んでもらえればと思います。

ステップ **2**

相手軸を整理する

　ステップ2は、「相手軸を整理する」です。ここはゴール
と同じく、重要なステップになります。なぜなら、多くの人
が「自分目線」で強みの樹海にハマっているので、「相手目
線」で考えられるだけで、本当の強みが見えてくるのです。

**ゴールを達成するために、誰に対して、どのような価値を提
供するのか？**

　これは極めて重要な質問です。「誰」が変われば、与える
べき価値も、ライバル軸もすべて変わってしまうからです。
相手のことを徹底的に考える「相手目線」を身につけ、相手
に価値を提供して選ばれる人になっていきましょう。

ステップ1　ゴールを決める
ステップ2　相手軸を整理する
ステップ3　ライバル軸を整理する
ステップ4　自分軸を整理する
ステップ5　「本当の強み」を作る

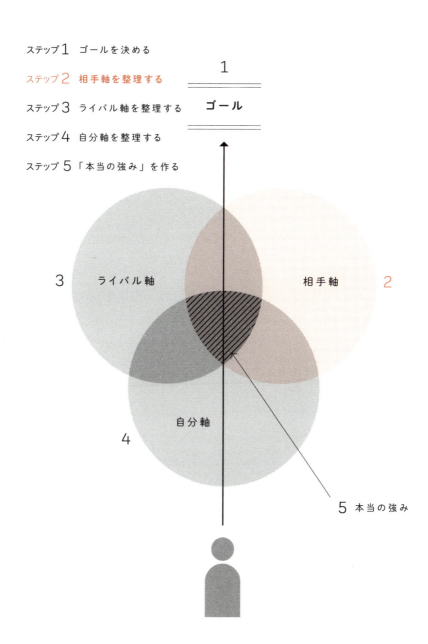

Chapter3　「本当の強み」を生み出すワーク──ステップ2　相手軸を整理する

| ワーク 2-1 | 相手軸が誰なのか定める |

このワークでは、まず相手軸を誰にするのかを定めていきます。

相手目線に慣れていないときに、一発で「この人」と決めるのは難しいはず。

まずは1つずつ手順に沿って取り組みましょう。

1 | 相手軸の候補を書き出す

あなたのゴールを達成するために、誰に価値提供するのがよいのか、その候補を挙げていきましょう。候補はあなたのゴールによって変わります。

たとえば今の職場で評価を高めたいのなら、相手軸の候補は、部長や課長、同僚などが挙げられます。

営業で結果を出したいのなら、クライアントが入るかもしれません。

また転職ならば、たとえば面接官や会社が相手軸の候補に挙げられます。

仮説の精度を上げるためにも、考えつく候補を複数挙げましょう。

2　相手軸の候補を絞り込む

　複数挙げた候補の中から1人に絞り込みます。ここであなたが答えるべき質問は、

「誰に価値を提供したら、最もゴールに近づくだろうか？」

　というものです。この質問の答えに一番近い人を相手軸として、○をつけてください。

　相手軸の候補は、あなたの状況によってケースバイケースです。ただ、職場の働き方を変えたり、自分自身の評価を変えたりするのを目指すなら直属の上司を選択するのがベターでしょう。

　もっと大きな仕組みを変えたいなら、より高い役職の人を相手軸に設定すべきかもしれませんが、直属の上司を超えた役職の人への価値提供は難易度が高いですし、現実的ではありません。

　まずは、身近な人にしっかりと価値を提供できるように「本当の強み」を見つけ出していくほうが現実的です。
　転職の場合、実際にどんな人なのかもわからない面接官のことを具体的に考えるのは難しいので、「会社」そのものを相手軸にするのがベターです。
　誰を相手軸にすると効果的なのか？　そこをしっかり想像しておきましょう。

ワーク2-1 相手軸をリストアップしよう

相手軸となり得る人をリストアップ

記載例

相手軸となり得る人をリストアップ

鈴木課長 ← 鈴木課長に決定！

中山部長

加藤チームリーダー

松山課長代理

青島専務

相手軸を選ぶポイント

　職場で成果を上げたい場合、相手を「上司」にするか、「お客さん」にするかで、発揮する強みは変わってきます。誰に価値を提供するのか？　ここを定めることで「本当の強み」が作られていくのですが、人によっては相手軸を1人に絞り込むことに抵抗があり、難しいかもしれません。ゴールを設定した際に、価値を提供したい相手が複数存在し、絞れない可能性はあります。

　しかし、「誰」を明確に定めることは、本当の強みを作るために外せないポイントです。的を絞ることであなたが相手に与える影響力は大きく変わります。

　たとえば、2人の異性がいて、それぞれから無難に好かれるようにしても、結局どちらからも選ばれるのは難しいはず。特定の1人の好みを徹底的にリサーチしたうえで、相手に合わせて最適な提案をするから選ばれるのです。

　恋愛の例を出すなんて僕らしくないのですが、わかりやすくするためにあえて書きました。絞り込みのスキルは大切ですので、訓練して高めていきましょう。

　上級者は、「上司」だけでなく「自分が属するチーム全体」に対して影響を与えるという発想も可能です。複数の相手に対して同時に貢献できるようになると、よりハイパフォーマーとなることができます。

　相手軸となる人が変われば、あなたが発揮する「本当の強み」も変わっていきます。つまり、相手軸が複数いれば、複数の「本当の強み」

を作る必要があります。それって大変だと思うかもしれませんが、仕事をしていく中で、関係者ごとにしっかり価値提供をしていくのは当然のことではあります。

　どの会社でも成果を出している人は、自分の部署だけでなく他部署も含めた複数の相手に貢献しています。複数の相手に貢献する場合は、相手ごとに「本当の強み」を作ってください。相手軸の1人ひとりについて個別に考えることがとても大事です。
　もちろん複数の相手に貢献するのは、いうほど簡単ではありません。でも、そのレベルに達するのが理想ですし、僕自身もそうありたいと思っています。

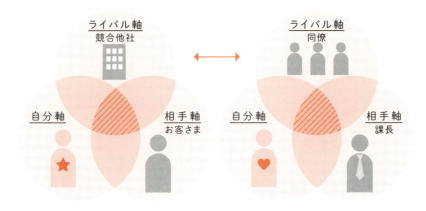

相手軸が変われば3軸すべて変わる

ワーク 2-2 相手のお困りごとの解像度を高める

「誰」が定まったら、次はその相手のどんなお困りごとにアプローチするか、狙いを定めていきます。相手のお困りごとへ適切にアプローチできるようになれば、あなたの実力が変わっていなくても、相手から必要とされることができます。そのために、相手をより深く知ることが重要です。

リサーチにあたっては「相手のお困りごとの解像度」を高める必要があります。お困りごとの解像度というと小難しく感じるかもしれませんが、あらゆる角度から「お困りごとや理想の姿」を把握する、もしくは仮説を立てるということです。相手のお困りごとの解像度が高くなればなるほど、より効果的なアプローチができて、感謝され、ゴールに近づいていきます。

あなたも、自分が困っていることを助けてもらえたら嫌な気はしませんよね。むしろ、感謝すると思います。そのため、あなたが相手のお困りごとについて得意である必要はなく、解決できるレベルであればいいのです。

相手が求めていることを正しく理解することは簡単ではありませんが、時間を使って取り組むほど、解像度は上がっていきます。

自分目線で考えてしまうと、相手が求めていないことを提供してしまい、いい評価にはつながりません。よくあるのは「自分のやりたい気持ちをベースにして、相手のニーズを決めつけてしまう失敗」です。

また「自分がよいと思っていることを、相手も求めていると思い込む」ということもあります。

たとえば、会議資料を作るときに書体を勝手に変更して、「このほうが見やすいと思ったので、資料の書体を変えました」などと上司に報告するパターン。

自分ではよかれと思って行動しているのですが、むしろ上司には慣れない書体で見にくい資料になっています。上司にしてみれば「余計なことをしてくれたな」という気分になるでしょう。特に視野の狭い人が陥りがちな失敗なので要注意です。

自分目線を捨てて、相手目線になれば、このような失敗をする確率は下がります。そこでまず、「お困りごと」の正体について学びましょう。それが理解できたら、自然と相手目線が身につきます。

お困りごとには種類がある

相手のお困りごとは「顕在的ニーズ」と「潜在的ニーズ」に分けられます。

顕在的ニーズとは、「今この仕事を助けてほしい」「今この課題を解決したい」と自覚しているニーズのこと。

職場で上司から「○○の案件を進めてほしい」と依頼されているときは、顕在レベルで求められているということです。

一方、潜在的ニーズとは相手が自覚していないニーズを意味します。誰しも自分では認識していないけれど「○○してくれたら嬉しいな」「○○が解決したらハッピー」といった願望を持っています。

職場の上司の場合、顕在レベルでは「職場の生産性を高めたい」という願望を持っているのですが、潜在レベルでは「Ａ部署とＢ部署の情報共有がスムーズになったらいいのに」といった願望を抱えているかもしれません。ただ、本人はその願望を認識していないため、言葉に出すことも行動することもできません。

ここでもし、部下の１人が情報共有のサポートをしてくれたら非常に感謝するはずです。自分でも気づいていなかった悩みをフォローしてくれたら、「自分のことをよくわかってくれている」と評価は一気に上がります。

相手のお困りごとにはもう１つの切り口があります。「機能的」と「心理的」という区分けです。

機能的なお困りごとは、「売上をあと○円上げられないか？」「納期をあと○日短縮できないか？」「転職して昇給できないか？」「プレゼンをもっと上手にできないか？」といった数字やスキルに関する悩みを指します。不便、遅い、高い、難しい、重い、といった効果と関係します。

一方、心理的なお困りごとは「とにかく忙しすぎる」「ライバルに先を越されたくない」「昇給チャンスを逃すかもしれない」など心理的に認知している悩みです。不安、楽しくない、ダサい、嫌悪感といったネガティブな感情です。

例）プレゼンに関してのお困りごと
機能的：コンペで１位をとりたい
心理的：みんなの前で実力がないと思われたくない

91

機能的と心理的のどちらが重要かという話ではありません。どちらも重要であり、セットで考えることが大切です。それが相手のお困りごとの解像度を高めることにつながります。

「機能的」「心理的」なお困りごとを両方とも把握して、解決をサポートできたらあなたの価値が高まります。つまり、ゴールを達成しやすくなるのです。

　一般的に男性は機能的なお困りごとを把握するのが得意で、女性は心理的なお困りごとを捉えるのが得意な傾向があります。両方のお困りごとをバランスよく把握し、相手に伴走して解決していける人は貴重です。相手のお困りごとを分類し、解像度を高めて適切にアプローチできるように思考をアップデートしましょう。

　ここまで説明してきた「顕在的・潜在的」と、「機能的・心理的」の２軸で整理すると、右図のように４つの事象に分類されます。このように分類すると、相手がどんなお困りごとを持っているのか簡単に整理できるのです。

　また、図で示した通り、潜在的なお困りごとは顕在的なお困りごとからつながっています。そして、潜在的なお困りごとにも深さがあり、深くなればなるほどぼやっとしていて、本人も言葉にできていません。そこを手助けしてあげると、相手にとってインパクトが大きく、提供価値が高くなります。

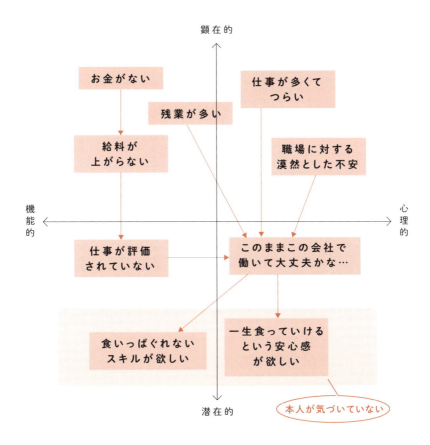

お困りごとには「重要度」が存在する

　お困りごとは、種類だけでなく重要度も大切です。

　同じ実力なのに、なぜか評価される人とされない人がいませんか？
その違いは運ではありません。重要度の高いお困りごとにアプローチ
しているかどうかの違いなのです。

　相手の解決したい問題には、解決したい度合いに大小があります。

　たとえば、経営者の多くは集客や資金難、人材活用などに悩みを抱
えがちですが、同時に「家が散らかっている」「最近5kg太ったけど
ダイエットがうまくいっていない」などの悩みを抱えていることがあ
ります。

　後者も確かに悩みではありますが、そこまで切実に解決を求めてい
るわけではありません。前者と比較すると重要度は低いのです。

　お困りごとには重要度が存在するという考え方は、一般社団法人日
本キャッシュフローコーチ協会代表理事の和仁達也先生に教わりまし
た。僕自身が仕事で選ばれているのも、常に相手の重要度の高いお困
りごとに対して価値提供をしているからに過ぎません。

　会社員、フリーランス関係なく、重要度の高いお困りごとにアプロ
ーチすれば選ばれる存在になっていくのは必然です。

　職場の上司も、大小さまざまなお困りごとをたくさん抱えていま
す。人によっては、「次の出張で飛行機に乗るべきか、新幹線を利用
すべきか」で悩んでいるかもしれません。そんな些末な悩みを解決し
たところで、与える影響はごくごく限定的でしょう。

　相手に効果的に影響を与えるには、やはり重要度の高い悩み、かつ
自分のゴール達成にもつながる、相手のお困りごとにフォーカスする

ことが大事です。

　相手のお困りごとを分類して解像度を高める。これが「本当の強み」につながる相手軸の設定に必要なことです。仮説の精度を高めるために、しっかりワークに取り組んでいきましょう。

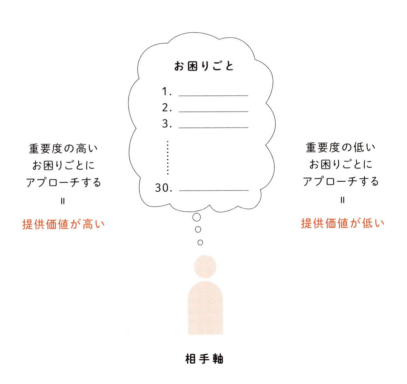

ワーク
2-3

相手のお困りごとと
理想の状態の把握

　あなたが自分のゴールを達成するために、相手のお困りごとを解決する必要がある。これは、今までお話しした通りです。

　順を追って整理し直すと、相手のお困りごとを解決して、相手が理想とする状態を実現することで、あなたはゴール達成に近づくことができる、ということです。

　相手のお困りごとを解決する、つまり相手に価値提供をするためには、まず相手のお困りごとと理想の状態を整理することが不可欠です。

　ワーク2-3では相手のお困りごとと理想の状態について明らかにしていくことを目指します。

1 　お困りごとを「機能的」「心理的」に分類する

　あなたのゴールを達成するために、誰に、どんな価値提供をするのか？

　改めてそのポイントについて考えていきましょう。まずは、相手軸のお困りごとの把握です。可能であれば、相手と直接会話をしながらお困りごとを集めるようにしてください。相手軸の人と会話しながらリサーチする場合は115ページの「直接リサーチ」という手法をご参照ください。

　ただ、リモートワークが浸透している現在、人と直接話せる機会も少なくなっています。直接会話できない場合は、お困りごとについて項目を細分化して考えることが重要です。細分化する項目は、ゴール

設定をするときに考えた項目と同じです。

- **人間関係**
- **お金**
- **時間**
- **やりがい**
- **その他**

　この5つの項目それぞれについて、「機能的」「心理的」なお困りごとを書き出しましょう。5つに分ける理由は、より相手のお困りごとを明確に捉えやすくなるからです。

　書き出す数に制限はありません。今、相手が何に困っているのかを書き出していきましょう。「これって表面的なお困りごとかも?」などと思ったりするでしょうが、ペンやタイピングを止めないでください。ここでは相手のお困りごとの解像度を高くすることが目的なので、たくさん出していきましょう。

2	理想の状態を整理する

　ゴールを設定したときと同様に、相手のお困りごとを反転させて理想の状態を書いていきましょう。お困りごとだけではなく、理想の状態も「機能的」「心理的」な状態を書き出すことができます。
　ここでは、相手軸の人がどうなったらハッピーなのか、自分の中にあるイメージを強化するためにワークをしていただきます。想像力、仮説力を磨き、相手目線になるためにも相手の理想の状態を言語化しましょう。

3	相手のお困りごとを1つ選ぶ

　ここまで出した、相手のお困りごとの中から1つピックアップしましょう。絞り込みの基準はシンプルです。

あなたのゴールの達成に、最も大きな影響を与えそうなものはどれか？

　お困りごとには「重要度」が存在します。誰でも重要度の高いお困りごとの解決を応援してもらえたら嬉しくなります。

　ところで、「結局1つに絞り込むなら、最初から1つだけお困りごとをピックアップしたらよいのでは？」と思う人がいるかもしれませんが、ここでの目的はお困りごとの解像度を上げることです。
　「本当の強み」を作るためには、ゴール達成に最も大きな影響を与えるお困りごとにアプローチすることが大事ですが、重要度がさほど高くないお困りごとも把握しておきましょう。相手への理解が深くなれば、「本当の強み」を作る以外にも価値を提供できるチャンスが広がります。
　つまり、複数のお困りごとを書き出すことで、相手から選ばれる人により近づきやすくなるというわけです。

ワーク2-3 相手のお困りごとを把握しよう

	相手のお困りごと		理想の状態
	機能的	心理的	
人間関係			
お金			
時間			
やりがい			
その他			

Chapter3 「本当の強み」を生み出すワーク——ステップ2 相手軸を整理する

99

記載例

	相手のお困りごと		理想の状態
	機能的	心理的	
人間関係	・同期に比べて出世が遅い ・プロジェクトのマネジメントがうまくいかない ・部下が期待するほどの成果を上げてくれない	・同期に遅れをとりたくないという焦り ・自分より能力がない人が、自分よりも出世していることへの嫉妬 ・部下の無能さに対する怒りと悲しみ	・同期より早く出世している ・プロジェクトのマネジメントが思い通りにうまくいく ・部下が期待以上の成果を上げる
お金	・子供の教育費が年々上がっていく ・この先給料が大きくアップすると思えない	・子供の学費を出し続けられるのかという将来に対する不安 ・役職に就いているのに、実は意外とお金がないという状況を部下に知られたくない	・子供が望む教育を存分に提供できる ・毎月安定してお金が貯まっている
時間	・納期に遅れている ・残業続きで家族と過ごす時間が取れない ・顧客からの電話に振り回されて、プロジェクトが進まない	・子供の成長を間近で見られないことで、親としての罪悪感を感じている ・もっと家族サービスしないとという焦り ・日に日に増えていく業務量に対して感じる悲しさ	・納期に遅れない ・仕事に全力で取り組みながらも、家族との時間も作ることができる ・計画通りに仕事が進む
やりがい	・なし	・毎日部下からの報告を受けてばかりで、自分の仕事が進まず焦燥感がつのる ・毎日同じ仕事の繰り返しでつまらない ・会社から正当に評価されていないという不満	・生産性の高い仕事ができて、仕事が面白い ・会社から正当に評価されて充実感を感じる
その他	・なし	・なし	・なし

※「時間」の「納期に遅れている」に「ピックアップ」の印

ワーク 2-4 潜在的なお困りごとを見つける

　ここでは相手の顕在的なお困りごとから、潜在的なお困りごとを見つけるワークをします。

　まず、「顕在的なお困りごと」を見つけ出すことは、比較的難しくはありません。なぜなら、顕在的なお困りごとというのは、相手が常日頃から意識している問題だからです。

　つまり、意識しているからこそ、普段から言葉にしている可能性が高いということ。

　ただ、その問題をあなたが解決してあげられるかというと話は別です。なぜなら、困っている当人も、すでに課題として顕在的に認識していることを解決しようと取り組んでいるからです。

　「売上を上げろ！」「業務を効率化しろ！」「ここを整理しろ！」などと、わかりやすい命令口調で課題の解決をあなたに指示してくる相手はさすがに少ないかもしれませんが、相手が「この問題をなんとかしたい！」と顕在的に思っていることは間違いありません。

　あなたとしては、相手が目標達成するまでに想定している期間や、具体的にどこまでの改善を望んでいるのかを数字でしっかり把握するのが理想です。でも現実的ではありません。ただ、少なくとも相手が何をやりたいのかは透けて見えていると思います。

こういった顕在的なお困りごとよりも把握するのが難しいのが潜在的なお困りごとです。

　わかりやすい顕在的なお困りごとではなく、潜在的なお困りごとにアプローチすることで、より効果的に相手に価値を提供することができます。

　潜在的なお困りごとは、まだ本人が意識できていなかったり、なんとなくやらなきゃと思っているけど、具体的になっていなかったりすることにあたります。そういった曖昧なポイントにアプローチすることで「あ、そこやってくれると助かる！」という感想をもらうことができます。

　潜在的なお困りごとは、相手はあまり自覚できていませんが、解決を必要とはしています。ですから、潜在的なお困りごとを解決できれば、あなたの存在価値が増し、効果的なアプローチができているといえます。

　では、どうやって潜在的なお困りごとにアプローチすればいいのでしょうか？　ここでも仮説を立てることが基本的な戦略となります。

　仮説の精度を高めるために必要なのは「なぜ、その問題が解決しないのか？」という部分を深掘りすることです。「なぜ？（why）」とは、相手のお困りごとを掘り下げていく質問です。

　お困りごと分析の基本は「なぜ？」の繰り返しにより、課題を明確化していくことにあります。

「もしかして、相手が困っている要因はここかな」と思えるまで「なぜ？」を繰り返していきます。

「プロジェクトの納期を早めたい」→なぜ納期を早めたいのか？→クライアントからすでにお怒りのメッセージをもらっているから→なぜ納期を早められないのか？→担当がいつも期日を守らないから→なぜ担当が期日を守らないのか？→いつまでに何をするのか共通のルールがないから

こういった深掘りをして、相手の潜在的なお困りごとにアプローチできたら、顕在的な悩みの解消にもつながるし、圧倒的な価値提供にもつながります。

顕在的なお困りごとを起点に、潜在的なお困りごとを探り当てていくことで、より相手目線に近づいていくことができます。

潜在的なお困りごとは、あなたの仮説で考えていきましょう。このとき、深掘りのために使うのがロジックツリーです。なぜ、お困りごとをどんどん深掘りするのかというと、今までになかった視点を持つためです。

ロジックツリーを使って「こうかな？」と試行錯誤していく行為そのものが、相手のお困りごとの解像度を高めることにつながっていきます。

頭で考えたら、2個、3個しか出せない潜在的なお困りごとが、時間を取り、ツールを使うことで10個、20個と出てくるかもしれません。

ここで抽出した潜在的なお困りごとは、顕在的なお困りごとにもつながっていますので、相手にとって解決してもらえれば嬉しいわけです。リサーチと想像力の2方面から潜在的なお困りごとをがんがんアウトプットしていきましょう。

ワーク2-4 顕在的な相手のお困りごとを分解しよう

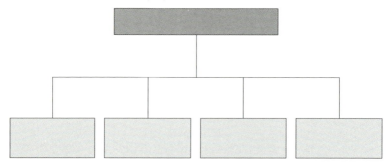

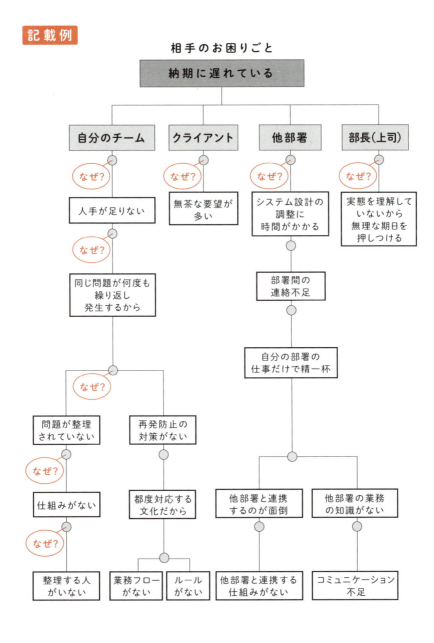

ロジックツリーを作るポイントは次の３つです。

①１段目は因数分解した要素を記載する

因数分解は、論理的に物事を考えるにあたり重要なスキルです。ロジックツリーは分解すればするだけキリがないからこそ、１段目だけはしっかりと要素を分解して考えるようにしましょう。

前のページの記載例では、「納期に遅れている」という顕在的なお困りごとに対して「誰」という切り口で分解しました。

このお困りごとは「誰」がもたらしているのか？「自分のチーム」「クライアント」「他部署」「部長（上司）」で分解しました。この分解の切り口も正解はなく、あくまで仮説の精度を高めるために、１段目を分解したと理解してください。

分解の仕方はいろいろあります。記載例では「誰」という切り口でしたが、ほかには業務プロセスで分解することもできます。たとえば、「システム設計＝要件定義→詳細設計→開発→試験→運用」

と分けることもできますね。抜け漏れがないように第一階層の要素を分解すると仮説の精度が高まります。

②マインドマップツールで作る

思考の整理ツールとして、マインドマップツールがあります。僕は無料で使える「XMind」というツールを使って整理することをおすすめします。Windows、Macどちらでも使えます。

顕在的なお困りごとを潜在的なお困りごとに深掘りする以外にも、プレゼン資料やミーティングの議事録、顧客とコンサル中の課題整理などに幅広く使えます。

ノートや紙、もちろん本書のワークシートを使って整理することもできますが、書き込みするエリアに限界があり、エリアが不足すると思考の幅が狭まります。それなら最初からエリア制限のないデジタルツールを使ったほうが、思考にブレーキがかかることはありません。書き直しも自由自在。超おすすめです。

③「なぜなぜ分解」は５回する

　この深掘りする作業は、不慣れな人だと３階層ほどで終わってしまいます。潜在的なお困りごとの抽象度が高いままだと、どうアプローチすればいいかイメージがわきません。だから、より具体的なイメージを考えられるように、なるべく５階層まで深掘りすることを推奨しています。

　ただ、すべての枝を５階層まで分解する必要はありません。アプローチしたら喜ばれそうだなと思うお困りごとだけを深掘りしていきましょう。

　この「なぜなぜ分解」は僕がNTTデータの社員だったときから「真の原因」を探すためにトレーニングで行っていたものです。

　当時は、なぜ５階層まで深掘りするんだろうと疑問に思っていました。しかし、今にして思えば課題を分解して仮説を作る能力を高めておいて助かっています。

　なぜなら、仮説を作り出して行動し検証する能力は、正解のないこの時代に必須のスキルだからです。この手順は頭から湯気が出るかもしれませんが、ぜひ深掘り思考をマスターしてほしいのでガッツリ取り組みましょう。

ワーク 2-5 相手のお困りごとを一覧にまとめる

　相手の潜在的なお困りごとについて、納得のいく深掘りができたでしょうか。ライバル軸のワークをやりやすくするためにも、この段階で詳細リストへと書き移していきましょう。ロジックツリーの一番下に書き出された潜在的なお困りごとをピックアップして詳細リストにまとめます。記載する順番は関係ありません。ロジックツリーから単純にコピー&ペーストしてください。似たような内容が複数ある場合は、1つの要素にまとめてしまってもOKです。

ワーク2-5 ロジックツリーから詳細リストへまとめよう

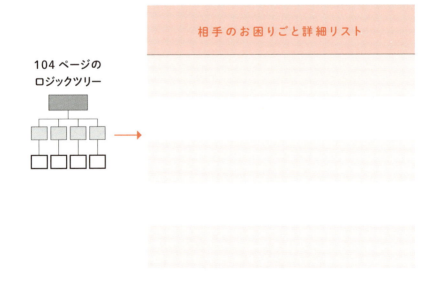

記載例

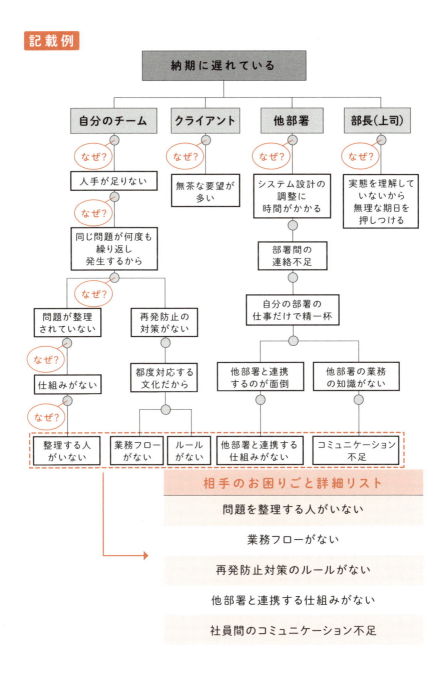

ワーク2‐5までで、相手軸のワークは完了となります。

ここまで相手の顕在的なお困りごとと、潜在的なお困りごとについて把握してきました。

「まだちょっとピンとこないな……」
「本当にこのまま進めていいの？」

そんなふうに疑問を感じる人もいるかもしれません。

確かに、現状では相手軸が明らかになっただけ。まだもやっとするところがあるのは当然だと思います。

なぜなら、繰り返すようですが、「本当の強み」は相手軸に加えて、ライバルの視点と自分の特徴をかけ合わせるからこそ、生まれるからです。

これからライバル軸、自分軸を統合していくと、徐々に「本当の強み」の輪郭がはっきりしてきます。そして「これでいってみよう」と自信が出てくるはずです。

「本当の強み」を作るうえで大きく前進しているのは間違いないので、安心してください。

ポイント

リサーチの考え方

　ここから先は、「より高い精度で、相手のことを知りたい」という人におすすめのリサーチ手法です。

　必須ではありませんが、可能なら取り組んでみてください。「本当の強み」を発揮して、相手に価値提供できる確率がグンと高まります。

　相手軸に関して、常に念頭に置いておかなければならない考え方があります。

「相手以上に、相手を心配する」

　ということです。

　自分のゴールを達成するにあたっては、自分のことだけではなく相手の理想の状態を応援してあげられると強いのです。

　相手の理想の状態を応援するためには、相手以上に相手を知らなければなりません。それができれば「よく見ているな」「いつも気が利く」といったような価値を与えることができます。

　では、相手を心配するために何をするといいのか？　その答えが「リサーチ」なのです。

　相手に聞きたいことは、大きく「現在」「未来」「過去」の３つの時

間軸に分類できます。この３つの時間軸を意識すると、効果的にリサーチができます。

現在の情報「今何に悩んでいるのか、何を課題にしているのか」
未来の情報「これからどうなりたいのか」
過去の情報「なぜ、そう思うようになったのか」

　基本的に、現在と未来のギャップを探るだけで相手が求めていることはある程度把握できます。実際、相手軸のワークでは、現在と未来のギャップを整理していただきました。

　ただ、相手の過去を探ることができると、より相手のニーズに沿った価値提供が可能になります。

「なぜ、そう思うようになったのか？」「これまでどんな価値観で働いてきたのか？」といった過去についてわかれば、もっと幅広い視点から相手に貢献する方法を見つけられるからです。

　相手軸のことを現在、未来、過去と複数の時間軸で理解するためのリサーチ方法には２種類あります。ネットなどを使って調べる「間接リサーチ」と、本人に直接聞いてしまう「直接リサーチ」です。

　次のページから、２種類のリサーチ方法と、僕が実際に活用しているテクニックを紹介します。より相手のお困りごとへの理解を深めるために、ぜひ参考にしてみてください。

種別	間接リサーチ	直接リサーチ
やり方	ネットで調べる、他人に聞く	本人に直接聞く
やりやすさ	○	×
情報の深さ	△	○

実行しやすい「間接リサーチ」

　相手がインターネットで発信をしている人なら、そこから現在、未来、過去に関する情報を見つけ出せることがあります。

　企業をリサーチするなら、ホームページのチェックは欠かせません。企業理念というのは「未来でどうなりたいのか？」を知るヒントとなります。

　ほかには、SNSの情報を活用する手もあります。たとえば営業職などは、営業先の会社のホームページや経営者個人のSNSをチェックしておくだけで、かなりの情報を得ることができます。

ただ、相手がインターネット上に存在していない場合はこの間接リサーチは実行できません。直接リサーチができたらいいのですが、難しいこともあります。たとえば転職を志望する企業の採用担当者に直接質問をするのは、現実的には難しそうです。その場合、企業説明会などに参加する機会があれば、「今まではどういうことを大事にしてきたのか」「会社をどういう方向にしていきたいのか」といった情報を読み取ってほしいと思います。

　情報をキャッチする軸は、やはり現在、未来、過去という軸です。この3点で企業情報を整理すると、何がお困りごとで、何を目指していて、どういう流れでそうなっているのかを把握でき、採用面接の際に企業に対する高い理解度をアピールできます。

　相手以上に相手のことを知る、というのは適切なアプローチをするためにも効果的です。ある経営者が「オレよりもオレに詳しい営業マンが来たから、思わず話を聞いてしまった」とSNSで発信しているのを見て、とても共感した記憶があります。

　僕自身、初めてお仕事をご一緒する人に関しては、事前にSNSをチェックして、考え方や趣味などを下調べしています。一緒に仕事をするのであれば、相手に興味を持って知ろうとするのは当然の行動だと思います。

　インターネットで調べ切れないときは、本人をよく知る人を通じて教えてもらうこともあります。

　新しく配属された職場で、高いパフォーマンスを発揮したいのなら、さまざまなリサーチは欠かせません。同僚と仲よくなったら、雑談レベルで「相手軸の人」に関するリサーチをしましょう。

「○○さんって、どういう経歴の人なのでしょうか？」

「○○さんのチームの課題って何でしょうか？」

「今までどんな仕事をしたときに面白いとおっしゃっていましたか？」

　複数の人にこういった質問をしていけば、それなりに実のある情報をつかめるはずです。情報をもとに相手の求めているものについて仮説を立て、1つひとつ検証していけばいいのです。

効果絶大の「直接リサーチ」

　職場の上司や先輩が相手軸である場合は、直接質問する機会を作ることができるはずです。せっかく話す機会が作れたなら、直接指示を出されている仕事のことだけでなくて、相手について知ることにエネルギーを注いでください。

　とはいえ、忙しい仕事上でのコミュニケーション。あまりに雑談ベースのリサーチに時間を使いすぎると、相手の時間を奪うことになります。相手軸の人は、あなたより生産性が高い場合が多いので、時間を奪いすぎると大きな迷惑となります。だから、1回のコミュニケーションの機会ですべてを聞き出そうとは思わないでください。

　一般的に自分が価値を与えたい相手は、たいてい自分よりも立場が上の人です。面と向かって急に「将来的にどうなりたいんですか？」とは聞きにくいはず。実際に聞いたらヤバいやつと思われるのが関の山です。

　ですので、相手の話を聞くときは、何回かに分けて丁寧に質問していきましょう。何度か質問していくうちに、少しずつ情報が蓄積され、

だんだん全体像が見えてきます。たとえるなら、ジグソーパズルのピースを少しずつ集めていくようなイメージです。

相手のお困りごとを引き出す「ほうれんそうリサーチ」

　ここで僕自身のリサーチ術をご紹介しましょう。僕は報告・連絡・相談ベースで会話しているうちに自然とリサーチすることが多いです。この会話の流れを「ほうれんそうリサーチ」と名付けています。「雑談をしながら必要な情報を手に入れる」というイメージで相手と会話をしています。相手に「聞き出されている」と意識させないまま、自然に聞き出すのです。

　今は時代の流れでだいぶ減ってきましたが、一昔前は喫煙スペースで休憩しながら職場の上司と部下が雑談をする光景がよく見られました。
　非喫煙者からすると、たばこ休憩はいかにも非生産的な時間に思えます。でも、あるとき気づきました。職場では、なぜかたばこを吸う部下の評価が高かったのです。

　単純に休憩時間を共有することで仲よくなったから。それもあるかもしれません。でも、現代の職場は仲のよい部下という理由だけでよい評価がつけられるほど、ユルくはありません。
　おそらく、雑談を通じて重要な情報や、思考の共有がされているのではないか。そして仕事をしていくにあたり、雑談を通して入手した相手軸の情報を持っている部下が上司のお困りごとを自然と解決することで結果を出しているのではないか。そう推測すると、つじつまが合うような気がします。

つまり、情報を得たかったら仕事中に何気なく雑談をするタイミングを見つけ出すことが重要です。とはいえ、いきなり雑談してくださいといわれても、会話が苦手な人からしたら地獄ですよね。

　安心してください。目的は、相手のお困りごとを把握することであり、雑談することでも仲よくなることでもないのです。リサーチして相手のお困りごとの目処をつけることです。

　コツはシンプル。雑談のつかみは「相談」です。まずは自分の困りごとにヒントを与えてほしい、という姿勢で入ります。あくまでも下手に出るのです。基本編の会話例を下記に示します。

■基本編

自分「最近、めちゃくちゃ忙しくないですか？」①
相手「そうだね。忙しいね」
自分「自分ではもっとうまくやれると思うんですけど、状況が全然変わらないんですよね。最近は、○○みたいな改善もやってみたんですけど、いまいち成果につながらなくて……。アドバイスをもらえると嬉しいんですが……」②

　①最初に話しかけることを「スリップイン」と呼んでいます。この一言で、後の展開が決まります。スリップインの目的は、ちょっとした会話を作ること、次につなげることです。だから、僕は忙しさとか、仕事に関する所感を共有して会話に入るようにします。

　②次は業務相談です。目上の人との会話は、相手のゴール達成につながる話をしなければ煙たがられる恐れがあります。生産性の高い人

117

の時間を使うので、有効な時間だと思ってもらわないといけません。だからこそ、仕事上の課題の共有から展開していきます。

　すると、たいていの相手はあなたに対して現状確認を行うと思います。問題点を整理したうえで解決策を考えるのがマネジメント業務の基本だからです。

「いつから悩んでいるのか？」

「具体的にどの業務か？」

「問題点はどこか？」

「それに対してどう感じているのか？」

　相手からこういった質問を受けることになるはずです。

　聞かれた質問に対しては素直に回答します。ある程度答え切ったところで、「こうしたほうがいい」というアドバイスをもらえるかもしれません。

　そして、「情報を整理していただきありがとうございます」と、相談に乗っていただいたことへの感謝の言葉を伝えましょう。受け止めてから、球を返すのが会話のキャッチボールの基本です。自分の要件だけを放り投げないようにしてください。

　ここから、あなたが自分の知りたい情報の質問をすることで、一気に欲しい情報を引き出すために切り込んでいきます。

「ぶっちゃけ③、課長の目から見て僕たちのチームの一番の課題って何ですか？④　僕ももっとチームに貢献したいので、課長が意識していることを聞いてみたいんですよ」

　③まず、「ぶっちゃけ」という前置きトークをします。前置きトー

クとは、いきなり聞いてしまうと角が立ってしまうことでも、緩衝材としてやわらげてくれる一言です。

　④次の質問で会社や課長、チームに貢献するという姿勢を維持しつつも、相手のニーズに話題を転じています。このような、これから話す話題のテーマを決める質問を「誘導質問」と呼んでいます。

　ここでは、なぜあなたがこの話題を聞きたいのか、相手への貢献ベースで理由も添えています。何かをしたいときに「理由」をセットで話すと相手を動かしやすくなります。

　ただ、なんとなく知りたいからといったら、「うるさい、仕事しろ」と返答される可能性があります。ここでも、「相手の成果に貢献したいから聞きたい」と伝えることで、相手が自身の情報を開示するメリットを伝えるのです。

　誘導質問で、自分の相談から相手のお困りごとにしれっと移っていきます。ただし、1つの答えを聞いただけでは深く理解できません。お困りごとの解像度を高めるための質問を重ねていきます。このときの質問を「深掘り質問」といい、6種類に分けられます。

1 「一番の課題って何ですか？」
　→ベストを知るための質問
2 「現状の課題を数値で聞いてもいいですか？」
　→数値化することで定量的に情報を把握するための質問
3 「なぜ、課長はそれが一番の問題だと感じているんですか？」
　→理由（why）を知るための質問
4 「具体的にいうとその課題って何のことを指していますか？」
　→具体化するための質問

5 「ほかには、どういう課題があると感じていますか？」
　→ほかの情報に広げるための質問
6 「どうしてその課題に着目しているんですか？　ここまでの流れ
　を知りたいです」
　→ストーリーで理解することで背景をより捉えやすくする質問

　会話の中に深掘り質問を交えていくと、相手に対する理解度が増えていきます。直接聞いたほうが、相手軸をより詳しく理解できるので、より高い価値を提供できる可能性が広がります。

　こうやって、直接リサーチする回数を増やしていけば、相手軸の情報が増えていきます。仕事をするときに、仕事を遂行するための情報だけでなく、相手にもっと貢献するための背景情報を集めていけると、「本当の強み」を発揮するうえでの素材が効率よく集まります。
　もちろん、1回の会話で綺麗に情報が集められたらラッキーですが、信頼関係や会話のタイミングしだいというところもあります。だから、コツコツとリサーチをし続ける必要があります。相手目線になるために相手のお困りごとを集め続けるという姿勢が重要です。

　今まで聞いてきたのは、「現在」時点で相手軸が抱えるお困りごとです。もし可能なら、現在だけではなく、未来、過去という複数の時間軸でリサーチしていきましょう。
　「本当の強み」を作るためには、現在の相手のお困りごとをリサーチできれば十分です。でも、せっかく直接リサーチできるなら、相手がどういう価値観で何を目指しているのかという背景情報まで把握できたら、お困りごとの解像度は上がります。

そこで「現在」のお困りごと以外に、「未来」「過去」という時間軸でも誘導質問をしていきます。
　「未来にどうなりたいのか？」を聞いて、現状とのギャップを考えれば、相手が求めているものがより見えてきます。
　そして、過去についても聞くことができれば、なぜその思考をしているのかが透けて見えます。
　誘導質問で時間軸の幅を、深掘り質問で相手の思考の詳細を把握し、お困りごとについての情報の量を増やしていきましょう。

> 「ぶっちゃけ、今までで一番失敗したことって何ですか？」⑤
> 「これまで見てきた中で、一番仕事ができると感じた人って、どういう人だったんですか？」⑥

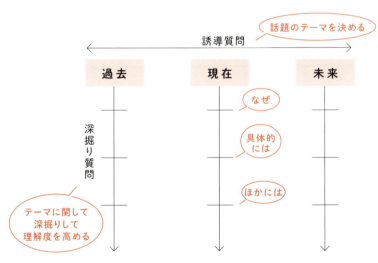

誘導質問と深掘り質問を使って
相手のお困りごとの情報量を増やす

⑤⑥は、過去に関する誘導質問です。そこから深掘り質問で聞いていくと、思考の原点や価値観がわかってきます。

過去についての質問を通じて、相手軸の人が求めている仕事の背景まで情報を取得できます。ここまで聞き出せれば、相手が求めているものを読み間違える心配はほとんどなくなります。

■応用編

応用編では1人の身近な相手軸だけではなくて、部署や会社といった組織にも大きな価値を提供できるように、リサーチの対象をさらに広げていきます。相手軸が課長であれば、本人のことだけではなく、部署（部長）や会社のことまで間接リサーチしていくということです。

会話の中で「個人の課題」→「チームの課題」→「部署の課題」→「会社の課題」という具合に徐々に対象を広げていくと、仕事をするうえでの視座が高くなっていきます。

「ちなみになんですが⑦、1つ質問していいですか？　課長が感じている会社の課題って何ですか？⑧　会社全体の目標が○○で、僕らのチームは××を意識しながら進めていますが、課長の視点で期待していることを確認できたら、業務により活かせると思うんです」

⑦「ちなみになんですが」というのは前置きトークです。「ぶっちゃけ」と一緒で会話の緩衝材になります。「ちなみに」はテーマを変えるときに使います。

⑧こう伝えると、課長にとっては、自分（課長自身）の業務改善につながる情報を求められている、という認識になるため、答えやすくなります。繰り返しますが、質問して情報を引き出すためには、相手にとって回答するメリットが必要なのです。

ここで理由もいわずにチームや部署の課題だけを聞き出そうとすると「何を上司目線になっているんだ？　ナメているのか」と思われ、逆効果になります。大事なのは、「あくまで自分の仕事を改善したい」という意思を伝えながら聞くことです。

質問をするときの注意点

質問をするのが苦手な人の大半は、相手にとって話しかけられることが迷惑であると考えています。
「話しかけて煙たがられるのが怖い」「相手の時間を奪ってはいけない」など、空気を読みすぎるあまり一歩踏み出せないところがあります。
けれども、これは大きな誤解です。空気を読みすぎる人は、まず脳内辞書を更新する必要があります。

話を聞く＝喜ばれること
質問＝相手への興味を言葉で示す行為

このように、質問することへの認識を置き換えてください。基本的に、他人から興味を持たれて鬱陶しいと思う人は稀です。誰でも、自分に興味を持って質問してくれる人の存在は嬉しいものです。もちろ

ん、冷やかしや噂話などの興味は論外ですが、話すことによって仕事が円滑に進むようになるなら、どんどん話したくなるはずです。

なお、相手との会話が終わったらきちんと感謝の気持ちを伝える。当たり前ですが、非常に大事なポイントです。

> 「課長に相談できてイメージが広がりました。1つ視点が上がって効率よく仕事ができそうです。ありがとうございました。また、ぜひ相談させてください」

そういわれれば、誰だって悪い気はしないでしょう。このように、なぜかフォローしたくなる「可愛がられキャラ」を印象づけることも大事です。部下として優秀なサポーターになるためには、仕事で可愛がられるのがよいのです。

本書でご紹介したリサーチ術は、さっそく普段の業務から取り入れることができます。しかし、学んだばかりの初心者が上司や顧客に対していきなりヒアリング術を試すのは考えものです。うまく聞き出せずに固まってしまったり、あれこれ質問攻めにして詮索モードになり相手を不機嫌にさせてしまったりしたら、目も当てられません。

まずは身近な先輩や同僚で試してみましょう。やってみたら、相手の意外な本音が聞けるかもしれません。その本音をもとに、相手のニーズに対して価値提供できたとしたら、確実に信頼されるようになります。

そして、ヒアリングトークを実践するタイミングにはくれぐれも注意してください。

前述したように、大半の上司は部下から話しかけられるのを待って

います。相手に質問をするだけで喜ばれるのですから、質問をしたほうがいいに決まっています。

ただし、話しかけることがNGのタイミングもあります。たとえば上司がクレーム対応に追われている最中に話しかけたら火に油を注ぐことになります。あなたが依頼されている業務の完了を上司が待っているのに、全然違うテーマの話をされたら「はやく依頼した仕事をやってくれ」となります。

いい頃合いを見極めるには、相手をよく観察することです。話しかけるタイミングがあるとすれば、相手がリラックスしているとき、感情的にポジティブなときです。僕が新入社員だったとき、部長がゴルフ雑誌を広げて読んでいるタイミングで話しかけるようにしていました。明らかにリラックスしていることがわかっていたからです。

仮にタイミングを誤って話しかけ、相手が気分を損ねてしまっても、萎縮しすぎないことが大切です。ちょっと話しかけて、相手が鬱陶しがっている雰囲気を感じたら、すぐに「失礼しました」といって引っ込むのが得策です。

僕はこの即撤退のスタイルを「ヒットアンドアウェー」と呼んでいます。誰だって、話かけてほしくないタイミングってありますよね。あなたに質問されることが嫌なのではなくて、タイミングの悪いときに質問されるのが嫌なだけです。

とにかく、感触が悪いときは気持ちを切り替えて次のチャンスに備えてください。

ステップ **3**

ライバル軸を整理する

　ゴールの設定、相手軸の整理ができたら、次は「ライバル軸」を作っていきます。

　本当の強みを作り出すためには「相手が求めていて、ライバルが弱くて、自分が提供できること」を見つけていきます。

　ライバルが強いことは避けて、ライバルが弱いところを攻める。そのために、ライバルの強み、弱みをしっかり評価していきましょう。

ステップ1　ゴールを決める
ステップ2　相手軸を整理する
ステップ3　ライバル軸を整理する
ステップ4　自分軸を整理する
ステップ5　「本当の強み」を作る

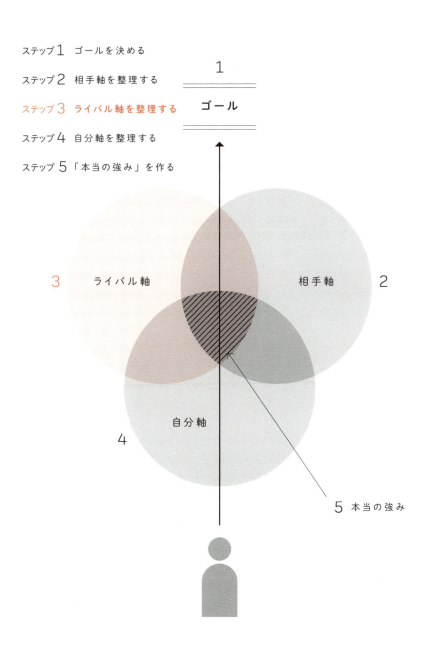

ワーク
3-1 ライバル軸の対象をピックアップ

　ライバル軸を整理するにあたって、まずはライバル軸に該当する対象が何かを具体的に設定します。

　これはゴールによって変わってきます。

　ライバル軸の対象は、セールスパーソンの場合「競合他社」、職場では「同僚」、転職の場合は「ほかの志望者」などとなります。

　ただし、設定したゴールによってもライバル軸は変わり、ライバル軸が変わればリサーチすべき内容も変化するので注意してください。あなたが誰に価値提供すればゴール達成に近づくのか？　相手軸に対して同じように影響を与えている人は誰なのか？　この視点で考えていきます。

　ライバル軸の数としては、5人ピックアップしましょう。

　思い浮かぶのが3人だったら3人でも構いません。「○○さん」と固有名詞を特定できたほうが、よりリアルに考えることができます。

| ワーク3-1 | ライバル軸の対象をピックアップしよう |

ライバル軸となりうる対象

記載例

ライバル軸となりうる対象
佐藤さん
山田さん
中村さん
斎藤さん
高橋さん

129

Chapter3 「本当の強み」を生み出すワーク──ステップ3 ライバル軸を整理する

ワーク 3-2	お困りごとに対する 解決策を出す

　ライバル軸の対象をピックアップできたら、次に個々のライバルについて分析していきましょう。

　価値の高さは需要と供給で決まります。あなたがどれだけ素晴らしい価値を提供しても、それ以上にライバルが価値を提供したら負けてしまうのです。勝てない勝負を積極的に避けることは、ビジネスで成果を出すための重要な考え方になります。

　ライバルの強み、弱みを把握しておけば、どんなところで価値提供をすればいいのかが見えてくるのです。

相手軸へのアプローチ案を作成する

　ライバル軸の強み、弱みを考えるにあたって、どのような切り口で評価すればいいのか考える必要があります。どういった切り口で強み、弱みを分析するかに正解はありません。仮説を立てて、精度を高めながら突き進みます。

　理想的なのは、ライバル軸のすべてのパラメーターを比較し、絶対的な評価をすることです。ドラゴンクエストなら、ちから90、すばやさ50、かしこさ80というような定量評価ができるわけですね。

　しかし、ビジネスの場合は絶対的な能力だけで比較することはできません。ここでも「相手から見てどうなのか？」という相手目線が大事です。

ここで役に立つのが108ページのワーク2‐5で作り上げた「相手のお困りごと詳細リスト」です。

　この潜在的なお困りごとに対して、解決につながる案を考えていきます。1つのお困りごとにつき、1〜3個の対策を考えましょう。

　ここで考えるアプローチ案は、相手のお困りごとの解決につながっていきます。相手軸の潜在的なお困りごとを解決するために効果的な案を挙げていきましょう。

　解決策が簡単すぎて効果が薄いようなお困りごとは、一覧から削除していきます。

　このとき「自分ができるかできないか?」を判断に入れてはいけません。なぜなら、自分目線でできる、できないということは相手にとって関係ないからです。相手にどう貢献できるか、大事な視点はこれです。自分軸については後ほど別のワークで判断します。

　この時点では「相手軸のお困りごとの解消に対して効果があるか?」という視点で客観的に解決策を出していきましょう。ここでピックアップした項目が、次のワーク3‐3で使うライバルの「強み」「弱み」の判断軸になります。

ワーク3-2 相手軸のお困りごとに対する解決策を出そう

お困りごと一覧	考えられる解決策・提案できること

記載例

お困りごと一覧	考えられる解決策・提案できること
問題を整理する人がいない	・問題を整理&管理して改善スピードを早める ・チーム内の進捗共有会議を増やす
業務フローがない	・業務フローを作成して業務を可視化する
再発防止対策のルールがない	・再発防止対策のルールを作る ・再発防止の管理シートを作成し、結末管理する
他部署と連携する仕組みがない	・他部署との会議の時間を増やす ・部署間で共通する課題を消し込む仕組みを作る
社員間のコミュニケーション不足	・社内の勉強会を開く ・社内の挨拶を強化する

効果の低そうな対策は最後に削除する

ワーク 3-3　ライバル軸の強さを3段階で評価する

　ここで、ライバル軸の「強み」「弱み」を評価していきます。

　もし、ライバル軸が弱いポイントが見つかれば、それはあなたがチャレンジする価値があるところです。ライバル軸のほうが明らかに上手にできる対策なら、あなたはその人に対策を任せたほうがいいわけです。仕事の能力の絶対評価は難しいので相対評価でいきましょう。それぞれの項目について、自分と比べてできそうなのか、同じくらいか、できなそうか、評価していきます。ここでは、あなたと比べてどうか？　ということを感覚的に並べていきます。ざっくりで構いません。以下の観点で評価していきましょう。

ライバルのほうが自分よりできそう：〇（2点）
ライバルと同じくらいの精度でできそう：△（1点）
ライバルのほうが自分よりできなそう：×（0点）

　正直、判断がつかないところもあると思います。強み、弱みは見る人によっても変わるものだからです。あなたから見て判断がつかなければ「△」で評価しておいてください。合計点数の低い解決策ほど、ライバル軸が弱い可能性が高いし、点数が高いほどライバル軸が強いと考えることができます。

ワーク3-3 ライバル軸の強さを評価しよう

お困りごと一覧	解決策提案	ライバル軸となりうる対象					合計

Chapter3 「本当の強み」を生み出すワーク──ステップ3 ライバル軸を整理する

記載例

お困りごと一覧	解決策提案	ライバル軸となりうる対象					合計
		佐藤さん	山田さん	中村さん	斎藤さん	高橋さん	
問題を整理する人がいない	問題を整理＆管理して改善スピードを早める	×	△	×	△	△	3
	チーム内の進捗共有会議を増やす	×	△	△	○	○	6
業務フローがない	業務フローを作成して業務を可視化する	×	○	×	○	○	6
再発防止対策のルールがない	再発防止対策のルールを作る	×	△	×	○	○	5
	再発防止の管理シートを作成し、結末管理する	△	△	△	△	△	5
他部署と連携する仕組みがない	他部署との会議の時間を増やす	×	×	×	○	○	4
	部署間で共通する課題を消し込む仕組みを作る	×	×	×	△	×	1
社員間のコミュニケーション不足	社内の勉強会を開く	△	△	○	△	×	5

ライバル軸が強い対策案は削除する

相手軸の整理をして、ライバル軸の評価もすれば「相手が求めていて、ライバルが弱いポイント」が見つかります。下図に示したように相手軸とライバル軸がクロスした部分が「狙い目」となります。このポイントがわかるだけでも、相手にとって価値のある提案や行動ができ、活躍していくことができます。

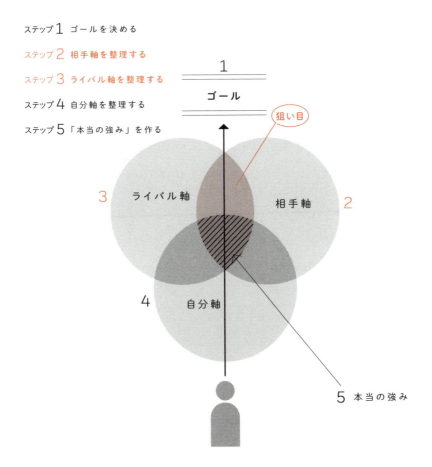

ステップ **4**

自分軸を整理する

「相手が求めていて、ライバルが弱いポイント」が見えてきたら、そこに自分軸を統合していきます。

従来の強みは、自己分析から見つけ出していくものですが、「強み革命テンプレート」は相手が求めているものにフォーカスするメソッドです。「自分軸はまったくいらない」とまではいいませんが、「相手が求めていて、ライバルが弱いポイント」があるなら、経験がなかったとしても、攻めてみていいと考えます。最初はうまくいかなくても、長期的に見て「本当の強み」として機能していくからです。

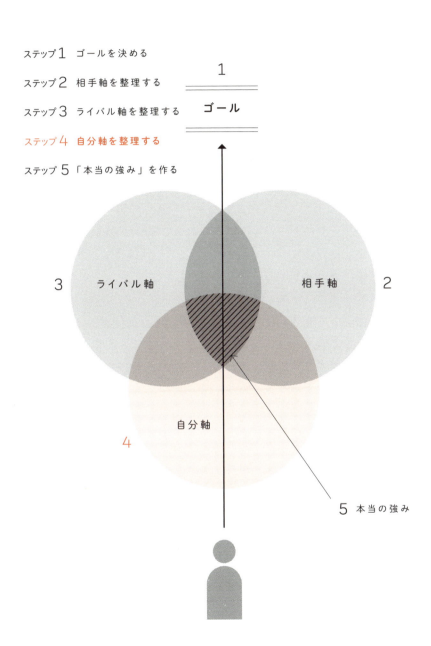

ワーク 4-1　自分軸の統合

　ここは、相手軸の人が求めていて、ライバルが弱いという狙いどころに対して、自分自身の評価を掛け合わせ、「本当の強み」へと近づけていく工程となります。

　自分軸のワークはたった1つです。あえて軽めに設定しています。
　なぜなら、自分軸について考えすぎると、気づかないうちにどんどん自分目線にウエイトが偏ってしまうからです。

　自分軸について考えるときは深入りしすぎないというのも、結構大事なポイントです。
　おそらく、本書を読んでいる人はこれまでに「自己分析」や「強み診断」などをしたことがあるのだと思います。
　そのため、この本では自分軸のワークを減らし、強みの樹海に迷い込まないようにしました。

　特に自分に自信がないという人は、自分をネガティブに捉えすぎないように注意してください。
　これまでに説明したように、「弱み」だと思っていたことでも、相手軸・ライバル軸をもとに考えると、それは十分「強み」になりうるからです。

　ライバル軸の人を評価したときの表を引き続き活用し、そこに自分

軸の視点を加えていきます。

　具体的には、相手が求めていて、ライバルが弱いポイントに対して「自分ならできそうか？」という観点から評価をします。

　ここでは、

・**できる**
・**挑戦する**
・**難しい**

という基準に分けて評価していきます。

　ここでやってしまいがちな間違いは「できる」と「やりたい」、「できない」と「やりたくない」をごちゃまぜにして考えてしまうことです。

　自分の好き嫌いを持ち出してしまうと、本当は能力的にできそうなのに、やりたくないという理由で避けてしまうようなことが起きます。こうなると正しい「本当の強み」が見つからなくなりますし、成果を出すのも難しくなります。

　あくまで冷静に、自分を客観視するイメージで取り組むようにしましょう。

ワーク4-1 自分軸を統合しよう

お困りごと一覧	解決策提案	ライバル軸となりうる対象					合計	自分

記載例

お困りごと一覧	解決策提案	ライバル軸となりうる対象						自分
		佐藤さん	山田さん	中村さん	斎藤さん	高橋さん	合計	
問題を整理する人がいない	問題を整理＆管理して改善スピードを早める	×	△	×	△	△	3	できる
	チーム内の進捗共有会議を増やす	×	△	△	○	○	6	
業務フローがない	業務フローを作成して業務を可視化する	×	○	×	○	○	6	
再発防止対策のルールがない	再発防止対策のルールを作る	×	△	×	○	○	5	難しい
	再発防止の管理シートを作成し、結末管理する	△	△	△	△	△	5	できる
他部署と連携する仕組みがない	他部署との会議の時間を増やす	×	×	×	○	○	4	できる
	部署間で共通する課題を消し込む仕組みを作る	×	×	×	△	×	1	挑戦する
社員間のコミュニケーション不足	社内の勉強会を開く	△	△	○	△	×	5	できる

143

ステップ **5**

「本当の強み」を作る

　いよいよ「本当の強み」を作るための最終工程になります。あともう少しです。

　ぜひとも最後まで形にしましょう。自分目線を捨てて、相手目線になる。それができれば、どんな場所だって、どんな仕事をしたって食いっぱぐれる心配はありません。

　ここで思い出してほしいことは、あくまでもゴールを達成するために「本当の強み」を作り出していることです。

　強みを作ることを目的にしないでください。作業に夢中になっていると、何のためにこのワークを進めているのか、忘れてしまうことがあります。

　目的意識を持ちながら、「本当の強み」を完成させましょう。

ステップ1　ゴールを決める
ステップ2　相手軸を整理する
ステップ3　ライバル軸を整理する
ステップ4　自分軸を整理する
ステップ5　「本当の強み」を作る

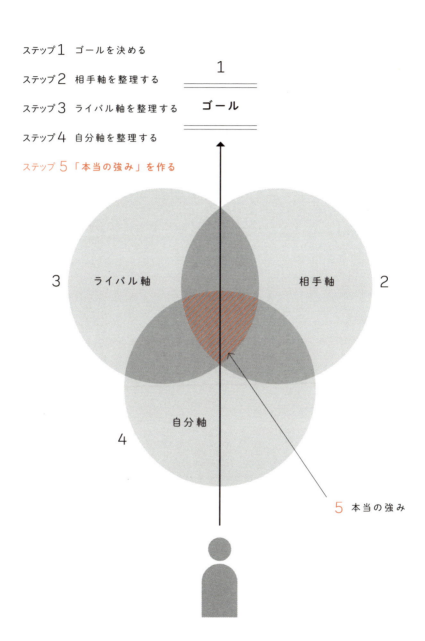

ワーク 5-1　本当の強みを絞り込む

　ライバル軸の評価、自分軸の評価のバランスを見て、対策案を絞り込んでください。ここで絞り込んだものが「本当の強み」として活かしていくものです。

　ただし、まだこの段階では3軸のポイントが揃っただけなので、「本当の強み」として使っていくためにこれからブラッシュアップしていきます。

　まず選ぶべきものは、ライバル軸が弱いもの。つまり、合計点が低いものです。

　これは、「相手が求めていて、ライバルがやっていないもの」という考え方に準じるので、この対策案を優先して選ぶようにしてください。

　もし、選択する対策が2つ、もしくは3つで絞りきれない！　という場合は、また原理原則に戻ります。ゴールの達成に一番影響があるものは何か、考えるようにしましょう。

　ちなみに、ここで選ばれなかったけど評価が高かった項目は残しておいてください。

　絞り込んだ結論をもとに実際に取り組んでみたけど、やってみたら違っていた、ということもあると思います。そのときに、いつでもほかの案に戻れるように、ここまでのワークのアウトプットは残しておきましょう。

146

記載例

お困りごと一覧	解決策提案	ライバル軸となりうる対象						自分
		佐藤さん	山田さん	中村さん	斎藤さん	高橋さん	合計	
問題を整理する人がいない	問題を整理&管理して改善スピードを早める	×	△	×	△	△	3	できる
	チーム内の進捗共有会議を増やす	×	△	△	○	○	6	
業務フローがない	業務フローを作成して業務を可視化する	×	○	×	○	○	6	
再発防止対策のルールがない	再発防止対策のルールを作る	×	△	×	○	○	5	難しい
	再発防止の管理シートを作成し、結末管理する	△	△	△	△	△	5	できる
他部署と連携する仕組みがない	他部署との会議の時間を増やす	×	×	×	○	○	4	できる
	部署間で共通する課題を消し込む仕組みを作る	×	×	×	△	×	1	挑戦する
社員間のコミュニケーション不足	社内の勉強会を開く	△	△	○	△	×	5	できる

選択！

ワーク 5-2　本当の強みを言語化する

　さぁ、いよいよ最後の仕上げです。ここまで、自分目線ではなく、相手目線から「本当の強み」を考えてきました。自分のことよりも相手軸のこと、ライバル軸のことをこんなにまで考えた経験はないのではないでしょうか。

　最後は、文章にまとめます。あなたが、相手軸の人にライバルよりも価値提供できる戦略を「本当の強み」としてきました。
　言葉としてまとめることで、初めて人は意識できるし、行動できるのです。

　仕上げに、まとめた言葉を、複数回「音読」してみてください。
　繰り返し口に出してアウトプットすることで、モチベーションがわいてくるといったフィーリングがとても大事です。
　音読をしていて引っかかることがなく、スルッといえたときから、あなたの頭の中に「本当の強み」のフレーズが徐々に入り込んでいきます。

148

ワーク5-2 本当の強みを言語化しよう

私は、

（期間）：_____で、

（どんなこと）：_____

_____

というゴールを目指します。そのために、

（相手）：_____に対して、

（価値提供）：_____

という価値を提供します。

記載例

私は、

（期間）：＿＿＿1年間＿＿＿で、

（どんなこと）：上司、同僚、部下からも頼りにされ、残業時間を
月45時間までに削減し、ボーナス評定Aを取る

というゴールを目指します。そのために、

（相手）：鈴木課長の「納期に遅れている」というお困りごとに対して、

（価値提供）：部署間で共通する課題を消し込む仕組みを作る

という価値を提供します。

149

お疲れ様でした。

これで相手目線で活躍できるようになるための、「本当の強み」の言語化が完了しました。

ぜひ、「本当の強み」を軸に行動して、相手軸の人に対してあなただけの価値を提供し、唯一無二の存在になっていってください。
「自分が何をできるか？」ではなく「相手に何をしてあげられるか？」という考え方が一度定着してしまえば、もう怖いものはありません。
ワークに苦戦した方もいらっしゃると思います。ただ、「本当の強み」を構築していく過程そのものが、相手目線になるトレーニングなので、その挑戦自体に価値があります。
「本当の強み」の完成も重要ですが、相手のお困りごとをどう解決できるのかを考える思考プロセスは、あなた自身の思考を自分目線から相手目線にアップデートするいい機会なのです。

僕は家族や友人にプレゼントするときに、常に意識していることがあります。「自分が好きなもの」ではなく「相手が好きなもの」を贈るということです。
こんなふうに書くと「プレゼントなんだから、相手が好きなものを贈るのは当然なんじゃない？」といわれてしまいそうですが、実は意外に多くの人が「自分が好きなもの」と「相手が好きなもの」を混同しています。無意識のうちに「自分が好きなんだから、相手も好きなはず」と考え、自分好みのプレゼントを選んでしまっています。

でも、「自分は好きだけど相手は苦手」というプレゼントも絶対にあるはずです。

相手にしてみれば一方的に好みを押し付けられるより、「○○さんが好きだって聞いたから、買ってきたよ」とプレゼントを渡されたほうが100倍くらい嬉しいはずです。「私のことを考えてくれてるんだ」という好意が伝わるからです。

相手に喜んでもらうような価値を提供するためには、リサーチをして相手を知るということが、必要不可欠なのです。

仕事でもまったく同じです。

仕事ができる人は、自分本位ではなく、常に相手本位で仕事をしています。相手が喜ぶことを考えて行動しているので、みんなから評価されるわけです。

ただし、前述したように相手軸を考えるだけでは不十分です。あなたが影響を与えようとする相手は、必ずあなた以外からも影響を受けています。だから、他人と違うアプローチをするためにライバル軸の視点が重要となります。

これに関して、スティーブ・ジョブズは次のような言葉を残しています。

「美しい女性を口説こうと思ったとき、ライバルの男がバラの花を10本贈ったら、君は15本贈るかい？　そう思った時点で君の負けだ」

要するに、他人と同じ価値を与えようとしても、相手の心には響かないということ。ライバルよりバラの本数が多ければいいという問題ではないのです。

ライバルに勝ちたかったら、相手の女性が望んでいて、さらにほかの男性が贈っていないものをセレクトしなければなりません。これが相手軸とライバル軸を掛け合わせる（相手が求めるものの中でライバルが

弱いところを狙いどころにする）ということです。

　何度も繰り返しますが、自分目線ではなく相手目線になるということです。常に相手側の目線に立ち、ライバルのことを意識して価値提供できるようになるだけで、「あなたと働きたい」と言われるようになるのです。

　なお、「本当の強み」は一度作ったら終わりではありません。
　たとえば、ゴールを達成したとき。定めた目標を達成すれば、また新たな目標が生まれるはずです。
　そのたびに、また新しいゴールに向けた「本当の強み」を作り出す必要があります。

　ほかにも、相手軸の人が変わったとき、ライバル軸の人が入れ替わったとき、自分の手札に変化があったとき、条件が変わったときなど。
　その都度、新たな「本当の強み」を作り出していきましょう。

　その際は、これまで紹介したワークに沿って、順を追って「本当の強み」を作っていくわけですが、毎回ワークシートに書き込んでいくのも大変ですよね。
　でも安心してください。慣れてくれば短時間で「ここを狙えばいいのかな？」というポイントが見えてくるようになるのです。

　そのレベルになったら、「本当の強み」を活かすという発想がすっかり身についたということです。

　こうなると、職場内で異動したり、転職したり、商談相手が変わったり、あるいは独立起業したりしても、新しい環境で素早く「本当の

152

強み」を作り出し、実践して成果を出すことが簡単だと感じてくるはずです。

　これまで、「強み」というものを、絶対的な自分軸と考えてきた人も多かったはずです。

　しかし、ビジネスで活躍している人は、才能あふれるカリスマ型だけではありません。むしろ、サポーター型のほうが、あらゆる環境に対応できるので、活躍の幅はとても広いのです。

　周りから必要とされて、自分の行動を喜んでもらえる環境にいれば、どんな仕事でもやりがいを感じるようになります。そうすれば、もう「やりたいことがない」と悩んだり、「自分だけの価値を作らなきゃ」と焦ったりすることとは無縁になります。まさに、一生モノの強み構築術です。

　ぜひ生涯にわたって、常に最適な「本当の強み」を作り出して活躍していってください。

153

「強み革命テンプレート」全体像

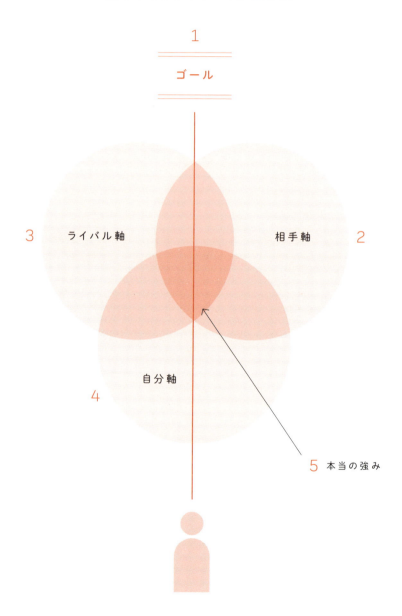

ステップ1 ゴールを決める

ワーク1-1：理想と現実を把握する

ワーク1-2：成長イメージの逆算

ワーク1-3：ゴールを設定する

ステップ2 相手軸を整理する

ワーク2-1：相手軸が誰なのか定める

ワーク2-2：相手のお困りごとの解像度を高める

ワーク2-3：相手のお困りごとと理想の状態の把握

ワーク2-4：潜在的なお困りごとを見つける

ワーク2-5：相手のお困りごとを一覧にまとめる

ステップ3 ライバル軸を整理する

ワーク3-1：ライバル軸の対象をピックアップ

ワーク3-2：お困りごとに対する解決策を出す

ワーク3-3：ライバル軸の強さを3段階で評価する

ステップ4 自分軸を整理する

ワーク4-1：自分軸の統合

ステップ5 「本当の強み」を作る

ワーク5-1：本当の強みを絞り込む

ワーク5-2：本当の強みを言語化する

Chapter

4

本当の強みを
見つけてからが
スタート

「強み」は常に改善していく

いかがでしたでしょうか。「本当の強み」を書き出せたでしょうか。一読して使えそうな強みが見つかった人もいるでしょうし、そこまでピンとこない、あるいは自信が持てないという人もいるかもしれません。

ピンとこなくても大丈夫です。「本当の強み」は見つけて終わりではありません。実際にテストしてみて、常に改善を図っていくものです。

僕は「すべてはテスト」というマインドを大切にしています。

まずは、最初に出た結論に基づいて行動してみましょう。職場などで、「本当の強み」を行使してみるということです。実際に試すという決意が重要です。

行動した結果、相手に貢献できれば喜んでもらえますし、いつも以上に感謝もされます。うまくいけば、今いる環境の居心地がどんどんよくなっていきます。

ただ、そんなにすぐにうまくいくとは限りません。行動しても相手にハマらず、何も変わらないこともあるでしょう。それでもすべてはテストです。失敗してもいいのです。

僕だって、外してしまうことはあります。相手が困っていると思って解決をサポートしたつもりが、意外と喜ばれないこともよくある話です。でも、外したらアプローチを変えればいいだけです。

相手の悩みも時間とともに少しずつ変化しています。今日うまくい

ったからといって、明日も同じ手が通用するわけではありません。ですから、いくつかの強みを使い分けながら、柔軟に行動を変化させていくことが大事です。

　まずは、この手でいくと決める→テストしてみて結果を振り返る→うまくいかないときにはやり方を変えてみる→変えた方法でテストしてみる。このPDCAサイクルが重要というのは、普段やっている仕事と同じです。

　なお、いざ本当の強みを発揮しようとしても、いつの間にか行動の軸がブレてしまうこともあります。自分が設定したゴールと設定期間も忘れがちです。たとえば、ゴールは6ヶ月後なのに、2〜3日行動してみて変化がないからといってすぐに諦めないでください。

　なぜか数日、数回の行動でゴールが手に入ってしまうと思い込む。それは、行動が続かない人に共通するポイントです。

　ほかには、大きなミスをして精神的に落ち込んだときなどに、3つの軸という視点を見失ってしまう危険があります。「周りが見えていない」とはまさにこのことです。

　周りが見えていないときは、とにかく落ち着いて冷静になるのを待つことが大切です。落ち着いた状況で、冷静に3軸を見渡して「本当の強み」を見つめ直すようにしてください。

　実際に仕事で「本当の強み」を使えるかどうかは、あなたの行動にかかっています。一度決めたら、まずはとことん行動してみる。頭で考えだした「本当の強み」を体験ベースで納得できるものへと変化させていきましょう。

自分の意思で行動することが大切

　本当の強みを改善していくにあたって最も大事なのは、あくまでも自分の意思で決断するということです。

　今の社会には安易に正解を求める人が多いと感じています。何か不安なことがあると、すぐにネットで検索して「正しい答え」を見つけようとする。答えを提示されたら、そのまま受け入れて納得してしまう。そんな傾向が加速しているような気がします。

　でも、簡単に正解が見つかることって本当にいいことなのかな？と、いつも疑問に思っています。

　安易に正解を求めようとすると、他人の意見に流される恐れがあります。「誰かが正しい答えを教えてくれるから、自分では深く考えなくていい」と思うようになり、徐々に、他人から答えをもらわないと行動できない人間になっていきます。

　でも、本当に大切なのは自分の頭で考えて行動することです。他人の意見に無条件に従い続けるよりも、自分で仮説を立て、その仮説を検証していける人のほうがずっと成長できるのではないでしょうか。

　本当のことは、やってみないとわからないものです。試行錯誤しながら自分の力で正解に近づいていく過程にこそ、人生の醍醐味があるのではないでしょうか。

人にやらされたことがうまくいっても、人は自信を持つことができません。

　自分で仮説を立て、テストしてみて、うまくいくことで初めて自信を得られます。

　たとえ一度や二度くらいうまくいかなくても「自分で検証している」と自覚している限り、自信が損なわれる心配はないのです。自分で立てた仮説に従ったほうが、納得して前に進むことができます。メンタル的にも健全です。

　他人にアドバイスを求めるのも結構ですが、あくまでも他人の意見は参考程度にして、自分自身で「本当の強み」を見つけ出すようにしてください。

　僕もこの本であなたに「この行動を取れば成功できますよ」という最終的な答えを提示しているわけではありません。

　僕がお伝えしたのは、成果を出すための考え方のヒントだけです。実際に、やるべきことを考えて実行するのはあなた自身です。

　何が相手に貢献できるのか、何をすれば喜んでもらえるのか。

　自分の頭で考え続ける習慣を積み重ねていけば、自分で人生を切り開いていけるようになります。

人生経験を増やそう

　自分軸すべての特徴が、本当の強みになる可能性を持っている。そう考えると、人生経験が豊富であるに越したことはありません。
　人生経験が多ければ手札が多くなり、手札が多いほど、相手の要望に応じて幅広く成果を提供できるようになります。

　自分のスキルを補強するという意味では、仕事の実務の中でさまざまな経験を重ねていくのが最も効率的です。エクセルやワードなどを使いこなし、部下をマネジメントした経験を持ち、実務で英語を使ったことがあり、商品開発に携わったことがあり……という人のほうが、それらの経験がない（弱い）人よりも相手に貢献できる可能性が高いのはいうまでもないことでしょう。
　でも、世の中は合理性や効率がすべてではありません。まったくムダに思えるような経験であっても、仕事に活かされるケースは多々あります。どの経験が後々生きるのかを事前に予測するのはほぼ不可能です。

　たとえば、プライベートで子供と旅行に行った経験が何かの商品開発のヒントになることはありえます。だからといって、最初から「商品開発に役立てる」という意識で旅行に行く人はいないでしょうし、仕事に役立てようと狙ったところで思惑通りの体験ができる保証もありません。
　ですから、プライベートでもさまざまなことにチャレンジし、自分

の幅を広げておくことが大事です。

　別に、お金を払って学ぶものだけが自己投資ではありません。お金をかける・かけないにかかわらず、とにかくやったことのないものにどんどん触れてみるべきです。経験を増やせばネタが増えていくという単純な理屈です。

　新しい経験を増やしていく一方で、見込みがありそうなものは実績を積み上げていく。僕はこれを「両利きの成長」と呼んでいます。

　未経験の新たなチャレンジをすることを「０を１にしていく行動」だとすると、経験済みの分野で実績を上げていくことは「１を100にしていく行動」にたとえられます。どちらかが重要ということはなく、どちらも重要です。この両面を意識しながら、自分の幅を広げていく必要があります。

　未経験の分野については、とりあえずやってみるというフットワークの軽さが肝心です。新しい体験をして、何か１つ実績ができたり続けられそうと思えたりしたら、どんどん積み上げていきましょう。

　よくないのは片方に偏ってしまうパターンです。手当たりしだい新しいチャレンジだけを続けていても、相手に貢献できる可能性は低いままですし、１つの分野でひたすら実績を積み上げていても、相手が求めていることにフィットできなければ活かしようがありません。

　今は、本などを読んで知識資産を増やすだけでなく、体験資産を増やすチャンスも増えています。知識だけで語るよりも、体験して語ることに価値があるので、体験資産を増やすという意識を持ってほしいと思います。

163

職場外のコミュニティに参加する

　前項にも関連しますが、自分軸を強化していくにあたっては、職場外のコミュニティに参加することもおすすめです。

　1つのコミュニティにしか所属していないと、自分の特徴が本当に活かせるのかどうか自信が持てません。職場以外のコミュニティに参加すると、広い視野から自分の特徴を俯瞰できます。それによって発見が得られます。

　たとえば、僕が会社員だった時代「ITスキル」は自分にとって完全に弱みでした。しかし、起業家が集まるコミュニティに参加したら、僕は一転して「ITに詳しい人」になりました。初歩的な知識を披露しただけで、神扱いされたこともあったくらいです。

　前述したように強みは相対的なものであり、環境を変えるだけで弱みは強みに変わるわけです。ですから、会社員の場合は、職場外のコミュニティへの参加がマストです。1つだけでなく、2つ、3つと複数のコミュニティに属したほうがいいです。

　職場外の人との交流は自分の経験の幅を広げる大きな力を持っています。積極的に自分の知らない経験や価値を知っている人と接するのが理想です。

　どうしても人と話すのが苦手、コミュニティへの参加は気後れしてしまうという人には、コミュニティに参加している人たちの会話を文字情報で知るところから始める方法があります。

今は、SNSでコミュニティ内のやりとりを公開するケースも増えています。

　そうした情報をチェックすれば、自分に合う・合わないの見当がつきます。自分に合っているコミュニティから参加すれば、ハードルが低くなります。

　せっかくなので、ついでにSNSで情報収集するときの注意点もお話ししておくと、やはり幅広い情報に接する姿勢が重要です。

　今は、自分に興味がある情報は簡単に集まってくる時代です。

　たとえば僕がYouTubeでゴルフ動画を視聴すると、関連するゴルフ動画がいくつもレコメンドされます。レコメンド機能は便利であり、上手に活用すればもっとゴルフに詳しくなれます。

　一方で、ゴルフ動画ばかり視聴していると興味が偏ってしまうという弊害もあります。興味関心の偏りは、相手に貢献する可能性を増やしていくうえでの障壁となります。

　ですから、意識的に自分が知らない世界の情報を取りに行く姿勢が大事です。

　読書をするなら、あえて普段自分が読まないジャンルの本を手に取ってみる。異業界の人におすすめの本を紹介してもらう、などもいいと思います。

　SNSで情報に接するときも、自分に近い属性の人だけでなく、あえてまったく接点がなさそうな人の発言をチェックしてみるのもアリです。

嫌いなことも自分の人生につなげる

　世の中には「好きなことをして生きていこう」「得意なことを追求したほうがハッピー」みたいなメッセージを発信している人がいます。そう主張している人が、実際に好きなことをして楽しく生活しているのは知っています。
「好きなことを収益化できたらハッピーでしょ？」というのは僕もその通りだと思います。
　好きなことだけやって生きている人は最強です。具体的な名前を出せば、ホリエモンみたいな人ですね。

　確かに好きなことは成長の源泉です。長期的に見れば、好きなことを追求するのは大事なスタンスかもしれません。でも、そんなに簡単に「好きなこと一択」に絞ってしまっていいのでしょうか。
　冷静に考えて、「好きなこと」「得意なこと」だけで生きていけるのはごく一部の人だけです。そもそも好きなことが見つからない人だってたくさんいます。
　好きなことが見つからない人に向かって「好きなことで食べていけ」というのは、酷というより間違っています。

　僕自身、会社員だったときには「好きなこと」がよくわかりませんでした。
　わからないのに「好きなことで生きていく」というスタンスに憧れる自分もいて、どうしたらいいのかわからなくなっていました。

でも、前述したように、あるとき「困っている人を見つけて応援する」という道があると知りました。他人を応援することで、起業してからもいろいろな人から仕事をいただけるようになり、今に至っています。

　今の僕は、マーケティングコンサルタントの仕事が好きです。
　ただ、最初から好きでやってきたわけではありません。みんなが喜んでくれて、収入にもつながっているから好きなのかもしれない、とも思っています。
　だから、好きなことが見つからない人はもちろん、今よりもちょっと自分の存在価値を高めたい人、少しだけ仕事の生産性を上げたい、将来の不安をちょっとでも解消したいという人は、苦手なことや嫌いなことに取り組むのもいいのではないかと思います。

　特に会社などでは、上司から何か無茶ぶりで苦手な仕事・嫌な仕事を与えられるような機会があることでしょう。そんなとき、「自分には無理」と拒否していたら、いつまでも成長はできません。
　大切なのは、「上司ができそうだと思って振っているのだから、ダメ元でやってみよう」と考える、どんどん振り回される力です。

　振り回された仕事になんとか対応しているうちに、いろいろなスキルが身につきます。スキルが身につくと、提供できる価値が増えていきます。
　その結果、さらにいろいろな仕事を与えられるようになります。つまり、振り回されていたほうが自分を成長させられるのです。
　ぜひ周りの人からのどんな無茶ぶりにも対応し、嫌なこと、苦手なことも経験しながら自分の手札を増やしていくことをおすすめします。

167

僕の場合は、前述したように入社後のプログラミング研修ではビリでした。エンジニアの仕事はかなりストレスでした。

　仕方なく、パソコンの設定などの雑用に取り組んでいたのですが、当時は、「こんな仕事は誰でもできる」「落ちこぼれだからやっているだけ」とネガティブに考えていました。

　しかし、そのときにパソコンのトラブル対応に地味に詳しくなったことが、実は起業してから周りの人をサポートするときにとても役立ちました。

　今から思えば、嫌いなこと・不得意なことをしていてよかったと思います。

「やりたい・やりたくない」「合っている・合っていない」ということにこだわっていると、どんどん自分目線になっていきます。サポーター型の人が自分目線になると失敗するリスクが高まるだけです。

　今やっていることがつまらなくても、そんなにやりたくないと思っても、ひたすら相手に役立つことだけを考えましょう。いつか「つまらなかったこと」が将来の自分を助けてくれるかもしれません。

　いずれにしても、相手に貢献していれば自分の居場所は必ず見つかります。

「安心感」が不安への一番の処方箋

　僕はこの本をきっかけに「本当の強み」を作り出し、自分が設定したゴールを実現する人が増えることを心から望んでいます。

　前述したように、ゴールは人によってさまざまです。希望通りの会社に入社するのもゴールですし、独立開業して年収を大幅にアップさせるのもゴールです。

　でも、そういった華々しい成果を上げることだけが重要ではありません。僕が読者の皆さんに手にしてほしいのは、どちらかというと「自分はこの方法でやっていけばいいんだ」という安心感です。

　というのも、変化の大きい状況の中で、現代人は大きな不安を抱えて自信を失っています。

　自分の例をお話しすると、20代の頃の僕は自己評価がめちゃくちゃ低い人間でした。学生時代にmixi（ミクシィ）をやっていたときの名前は「ヘタレ田中」。

「何をやっても他人より劣っている」という自己認識を端的に表していたのが「ヘタレ」という言葉でした。当時はどれだけ弱気な人間だったのでしょう。

「このままの自分では通用しない」「強みが見つからないと生きていけない」という不安は、人間のポテンシャルを損ないます。

　不安があるから自信を持って行動できない→自信を持って行動でき

ないから結果が中途半端になる→結果が出ないからますます不安になる……という悪循環に陥ってしまいます。

　これに対して、3軸で「本当の強み」を作り出す習慣が身につけば、何か行動するときに「自分はこれで行けばいい」というベクトルが定まるので、不安や迷いがなくなります。
　今の自分でもいいと思えるようになりますし、今いる環境で自分の居場所が見つかるようになります。この安心感には、非常に大きな価値があると思います。

小さな成果を1つひとつ積み上げよう

　安心感を得たうえで、僕は読者のあなたに小さな成果を1つひとつ積み上げていってほしいと思っています。
　一気に派手な成果を上げるのではなく、小さくて地味な成果をコツコツ積み上げていけば、1つひとつの成果は小さくても最終的に大きなことを成し遂げられます。

　僕が大好きな漫画に『ベイビーステップ』という作品があります。この作品は硬式テニスを主題にした少年スポーツ漫画であり、主人公がテニスと出会ってから成長していく姿が描かれています。

　普通、スポーツ漫画というとワールドカップとか、全国大会優勝とか、そういった大きな目標を目指す中で、さまざまな挫折や葛藤を経験しながら成長していくのが定番のストーリーです。
　ところが、この作品で特徴的なのは、主人公の目標設定がとても"ショボい"ことです。

主人公は「オレは絶対に4大大会に出場する」みたいなビッグマウスな側面がありません。いかにも自信に満ちあふれたカリスマ型キャラというのとは違います。

　むしろ、どちらかというと内向的なのですが、小さな実績を1つずつ積み上げていくことにかけては自信があるというタイプのキャラクターなのです。

　僕は彼のスタンスに非常に共感を持っています。

　僕自身、会社員だったときに「バリバリ成果を出して、誰よりも一番に評価されたい」と狙っていたわけではなく、起業してからも「何億も稼いで圧倒的に成功してやる」といったギラギラした野心を持っていたわけでもありませんでした。

　ただ、3つの軸を意識して（当初はそこまで体系的に考えていたわけではないのですが）、相手への貢献を積み上げた結果、気づけばビジネスで大きな成果を上げることができ、会社を成長に導くことができました。

　ですので、読者のあなたにも最初からあまり気負いすぎず、自分のやるべきことを見つけてコツコツ成果を出していただければと思います。3つの軸をもとに行動していけば、人生につまずくことはそうそうないはずです。

成果は人がもたらすもの

　この本も終わりに近づいてきました。ここで僕の主張を改めてまとめ直します。

　何度でも繰り返したいのですが、僕が強調したいのは「結局、成果は誰かが持ってくる」ということです。

　自分がどんなに努力しても、実力があると思っても、他人が成果として認めてくれなければ意味がありません。逆に、実力がなくて大した努力をしていなくても、他人が成果を認めてくれれば、それは立派な成果といえます。

　とにかくこの本で一番訴えたいのは、自分目線を捨てて、相手目線を手に入れよう！　ということ。

　大事なのは相手が何を求めているのか、そしてどうしていきたいのか、です。それを知ったうえで、「私はそれを応援できます」というポジションに立てば、絶対に選ばれる存在になれます。

　もしかしたら、読者の中には「相手の役に立とうと行動するのは、いかにも露骨であざとい」「周りから『自己アピールがうざい』みたいに思われたらどうしよう」と不安に感じる人がいるかもしれません。

　でも、僕が提案しているのは、あくまであなたのゴール達成のために、相手軸の人とwin-winの関係になりましょうよ、ということです。

　つまらない自意識に振り回されてせっかくのチャンスをつぶすのは、もうやめにしませんか？

自己アピールはあざとい行為でも恥ずかしい行為でもありません。相手に影響を与えていくときにやるべき、ごくごく正当な行為です。

相手に認知されないことには、何事も始まりません。どんな商品でも、お客さんが実際に知って、触ったり使ったり体験したりしないことには評価のしようがない。それを考えればわかるはずです。

ここでいう商品とはあなた自身です。変化の激しいこの時代に、自分らしさを発揮していけるのは自分という商品を磨き続けることができた人だけなのです。

相手が受け止める価値には「結果から感じる価値」と「行動から感じる価値」があります。

結果から感じる価値は、比較的認知してもらいやすいといえます。たとえば「この本は10万部突破したんですよ」といえば、ベストセラーとして認知してもらえます。

一方、行動から感じる価値は、認知してもらうまでにハードルがあります。人が見えないところでどんな行動をしているのかは、詳しく説明してもらわないとわからないのです。

現在、僕の会社は完全リモートワークで業務を進めていて、クライアントとのやりとりもすべてチャットで行っています。リアルに対面しない分、効率的に仕事が進む反面「自分がどんな行動でお客さんに貢献しているのか」が見えにくいという問題を抱えています。

たとえば、お客さんのためにめちゃくちゃ時間をかけて資料を作っても、実際には「何もやっていない」と思われてしまうケースがよくあるのです。

そこで、僕は普段の仕事の中で、自分の行動をチャットに書き込むことを意識しています。

「今日は○○の件で、□□をしてみました」
「○○の件、□□したらもっとよくなるんじゃないかと思い、今試しているところです」

　このように「あなたのためにエネルギーを使っていますよ」と言葉にして伝えることで、ようやく相手に認知してもらえるのです。
　相手には結果を出して満足してもらうのがベストですが、僕自身は結果がすべてだとは思っていません。
　相手のためにエネルギーを使っていることが伝わるだけでも感謝されますし、お互いにハッピーになれると思っています。だから、相手には結果を伝えるだけでなく、行動も積極的に伝えてほしいのです。

　普段のささいなことでも、「行動を伝える」ことを意識するだけで相手の反応は大きく変わります。
　たとえば、大切な人にプレゼントするとき、ただモノを渡しただけでは「ありがとう」で終わってしまう可能性がありますが、そのプレゼントを選ぶために自分がどれだけ手間暇をかけて考えに考えたかを伝えれば、自分の想いは伝わるはずです。

　ビジネスで最も優先すべきは、相手への価値提供です。相手にどれだけ貢献できたかにフォーカスすればよく、第三者の評価など気にしなくてOKです。

　僕がビジネスを始めた頃、SNSでビジネスプロフィールに真面目な顔写真をアップしたら、大学時代の友人や前職の同僚たちからめちゃくちゃ笑われたことがありました。

174

「選挙ポスターの写真ですか?」みたいな心ないコメントがいくつも書き込まれ、悔しかったのを覚えています。

　でも、僕は「自分のことを必要としている人たちの役に立てればいい」という軸だけは絶対に守ろうと決めていました。だから、心ないコメントに負けて自分のやり方を変えたりしませんでした。

　僕は周りの人の目を気にしてオドオドするより、自分が影響を与えたい人にどれだけ貢献できるかを考えて実行する人生のほうがはるかに格好いいと思っています。
　関係のない他人からどう思われるかなんて、どうだっていいのです。自分が関わっている人を応援して、幸せにしていくことに集中すれば、絶対にうまくいきます。

　自分が何者かは関係ない。相手が本当に求めていて、ライバルが弱いところ。そこを攻めれば唯一無二の存在になれるのです。

おわりに

　ある日、1通のメッセージを受け取りました。前著『僕たちは、地味な起業で食っていく。』の担当編集者であるSBクリエイティブの小倉碧さんからでした。

　小倉さんと会話をさせていただく中で、これからの不透明な時代に、読者が「強み」と向き合うための書籍を作りたい、という要望をいただきました。その話を聞いたとき、嬉しい反面、ドキドキしている自分がいました。

　当時、クライアントの強みを見つけ出してビジネスで成果を上げるというコンサルティングで実績を出していました。
　しかし、まだ今ほどノウハウが体系立てられておらず、僕自身の直感と経験則でクライアントの「強み」を見出している状態でした。

　そこから書籍作りのために、ノウハウを言語化するという試行錯誤が始まりました。
　よりわかりやすく、より伝わるように。書いては消し、内容を練りなおしては消し、僕にとってはビジネスで自然とできていることを言語化するのは苦労しました。
　そして、ようやく書き上げたのが本書になります。

本書の根底にある想いは、「誰かを応援することであなたが輝ける」ということ。

　人をサポートすることは、自己犠牲ではなくあなた自身が輝くための手段なのです。

　僕は人生で壁にぶつかったとき、自分の力で突破していくのではなく、仲間とともに成長し乗り越えていきました。僕が大切にしているこの姿勢は、前著から変わらず持ち続けています。

　将来が不透明な時代にカリスマ性をもって行動していけるような、「リーダーシップ」を持っている人は極めて稀です。死ぬこと以外かすり傷と言わんばかりに、人生に目的を持って乗り越えていく人たちに憧れを持ちます。

　でも、やっぱり僕らしくありません。よく人を観察し、人に合わせることができる。

　それが、相手への強烈なサポートとなるほうが自分の性に合っているのです。

　本書のアプローチは誰かを勝たせて、自分にもよい結果がもたらされる「フォロワーシップ」の考え方なのです。

　フォロワーシップとは、チームの成果を最大化させるために、「自律的かつ主体的にリーダーや他メンバーに働きかけ、支援すること」です。

　具体的には、リーダーの意思決定や行動に誤りがあると感じた場合は、臆することなく提言したり、チームがより良い方向に進むようメ

ンバーに働きかけたりと、自分の置かれたポジションだからこそできることを主体的に実行していくことを指します。

　チームという単語も、同じ職場の人だけに限りません。
　転職先の企業や、取引先の顧客も同じチームとして見てみてください。win-winの関係を目指せば成果につながります。

　相手軸となる人は対立関係ではなく、同じチームとして見ることができると、視野が広くなって仕事は面白くなります。
　まさに、自分目線から相手目線への切り替えです。相手目線を持った人が増えたら、みんな仕事がやりやすくなるでしょう。

　いよいよ、本当に最後のメッセージになりそうです。
　本書を苦労の末に完成させて感じることは、この本を書けて本当によかったということです。

　今まで論じられてきた「強み」に対する違和感を明確にできたこと。人に価値を提供するための「本当の強み」を世に提唱できたこと。カリスマ型の人が持つ強みじゃなくて、サポーター型もこれからの時代に活躍していく戦略をお渡しできたこと。

　面白い本が出来上がったなと、書き上げた僕自身がワクワクしているのです。

　この本を通して「自分には人に自慢できるような強みが何もない」という考え方から「目の前の人に少しでも価値を提供しよう」という

178

考え方が広がれば嬉しく思います。

　昔の僕のように「自分には弱みしか見つからない」と頭を抱える時間がもったいないのです。
　頭でごちゃごちゃ考えても始まりません。ペンを持ち、本書のワークに繰り返し取り組んでみてください。相手のことを客観的に考える時間が、あなたに「相手目線」という素晴らしい思考習慣を作り上げてくれます。

　「本当の強み」を作る過程で、成長してほしい。そのため、本書を繰り返し使い倒してほしいのです。

　僕たちはいつでも、どこでも「本当の強み」を作り出せる。

　これができれば、これからの社会で怖いものはありません。

　どんな状況になろうが現状を打破できる戦略を持つことができます。そして、目一杯活躍してください。ゴールを設定して楽しみながら成長してください。それが僕の願いです。

田中祐一

特 典

強み革命テンプレート ダウンロード

この本のワークは、一度取り組んで終了ではなく、何度も取り組んでいただきたいと思っています。
そこで、ワークシートを以下からダウンロードできるようにしました。ぜひ、活用してください。

コンテンツは、著者・田中祐一が運営するサイトからダウンロードできます。
右のQRコード、または下記のURLからアクセスしてください。

https://the-lead1.com/lpc/tn/

※本特典については株式会社ザ・リードが提供しています。お問い合わせは株式会社ザ・リードまでお願いいたします。

ダウンロードコンテンツ

①何度でも繰り返し書ける
ワークシート

②他人の考えを参考にする
記入事例

③相手軸リサーチの精度をあげる
質問集

本書で紹介した
田中祐一の著作はこちら

僕たちは、
地味な起業で
食っていく。

今の会社にいても、
辞めても
一生食いっぱぐれない
最強の生存戦略

田中祐一 ［著］

定価1,540円
（本体1,400円＋税10%）

「今いる会社で働き続けるか？ 転職して他の会社に行くか？」
「どんなキャリアが自分に合っているのか？」
「このまま、会社にいるしかないのか？」
今、そんな悩みや焦りを感じているあなたへ。
まとまったお金やビジョン、やりたいことがなくても、
安パイに経済的に自立できる「地味な起業」を紹介します。

著者略歴

田中祐一 (たなか・ゆういち)

株式会社ザ・リード 代表取締役／マーケティングコンサルタント

1986年1月23日生まれ。新潟県出身、芝浦工業大学卒業。大学卒業後は株式会社NTTデータに就職。仕事をしていく中で「この会社だけで通用するスキルで一生働いていくのか?」と葛藤。起業している先輩に「5年働けばどれだけ優秀な学生も並の会社員になってしまう」と言われたことをきっかけに起業を決意し退職。

コンサルタントを名乗り活動するが、気が弱いことや、自分にカリスマ性がないことからまったく稼げない日々が続いた。結果、起業資金800万円をわずか6ヶ月で借金100万円にしてしまい自信喪失。「自分ブランドを作らなければ」「すごい人にならなければ」「すごいアイデアを用意しなければ」と考えていたが、"地味な起業法"と出会い人生が逆転。自分を主役にするのではなく、他人を主役にして応援することで感謝の報酬とやりがいをいただけるようになり、3万円、10万円と少しずつ稼げるようになる。このとき、「絶対的な強みがなくても、相手が求めることに応えれば活躍できる」と気づく。

その後、本格的にビジネスを学び、あるクライアントの売上を10倍に。それが話題を呼び、プロデュースの依頼が殺到。

現在は本格的なWEBマーケティングを教えるビジネススクールを開講。初心者も多く参加する講座にもかかわらず、累計500名の受講生は「50億円」を超える売上アップを成功させている。そのノウハウをもとに、自分目線ではなく相手目線で価値を提供する「強み革命テンプレート」を作り上げた。

著書に、『僕たちは、地味な起業で食っていく。』(SBクリエイティブ) がある。

書くだけであなたの「強み」が見つかるノート

2021年7月27日　初版第1刷発行

著　　者　田中祐一
発 行 者　小川　淳
発 行 所　SBクリエイティブ株式会社
　　　　　〒106-0032　東京都港区六本木2-4-5
　　　　　電話：03-5549-1201（営業部）
ブックデザイン　三森健太（JUNGLE）
本文デザイン・DTP　アーティザンカンパニー株式会社
編集担当　小倉　碧、鎌田瑞穂
印刷・製本　中央精版印刷株式会社

本書をお読みになったご意見・ご感想を
下記URL、またはQRコードよりお寄せください。
https://isbn2.sbcr.jp/09436/

落丁本、乱丁本は小社営業部にてお取り替えいたします。定価はカバーに記載されております。本書の内容に関するご質問等は、小社学芸書籍編集部まで必ず書面にてご連絡いただきますようお願いいたします。
©Yuichi Tanaka 2021 Printed in Japan
ISBN978-4-8156-0943-6